B. DE KENENBURGH

# La Femme Régénérateur

PAUL DUPONT, ÉDITEUR

# La Femme Régénérateur

*DU MÊME AUTEUR*

---

**Étude de quelques questions sociales**, chez J.-P. REVERS.

**La Femme et la Vie de Famille**, chez CH. DELAGRAVE.

---

*SOUS PRESSE*

**Plans et Profils**
**d'Écoles de Ménage urbaines et rurales.**

---

B. DE KENENBURGH

# La Femme Régénérateur



*

La sagesse exige
ce que la vie demande.

*

PARIS
PAUL DUPONT, ÉDITEUR
4, Rue du Bouloi
1899.

# I

*L'histoire est un serpent qui se mord la queue.*

La Presse citait ces paroles en examinant la proposition que je venais de faire, en 1895, au Congrès d'Amsterdam sur l'enseignement professionnel.

J'avais émis le vœu de l'obligation d'un contrat d'apprentissage avec examen et diplôme final de maîtrise, pour que le métier bien connu, bien exercé, allât de pair avec une profession libérale.

Cette brochure confirmera, je l'espère, l'exactitude de cette expression.

Il n'y a pas d'idées absolument neuves. Elles ne font que réapparaître sous des formes différentes. L'histoire du développement social, ses causes et ses conséquences — études de la plus haute importance — nous en fournit constamment la preuve.

Aussi, en suivant l'histoire, en déduisant les conséquences des faits, en mettant en parallèle les pays étrangers et le nôtre, j'espère pouvoir démontrer que, si nous avons perdu notre place prépondérante dans le monde, c'est que la vie de famille a disparu chez nous. Qu'il me soit permis d'entrer dans des détails, afin de proposer ensuite les mesures — uniques à mon avis — qui peuvent porter remède au mal, savoir : l'éducation du jeune homme dans la famille et la formation de la jeune fille par sa propre mère en vue du mariage, c'est-à-dire par l'enseignement de l'économie domestique.

Effrayée de la dépopulation de la France, l'*Alliance nationale pour l'accroissement de la population française* a pu faire adopter par le ministre des Finances le principe du dégrèvement d'impôt, proportionnel au nombre d'enfants. Elle propose de dégrever complètement les familles ayant plus de trois enfants. La perte qui en résulterait pour le Trésor serait couverte par les célibataires et les ménages qui ont moins de trois enfants, et cela dans la proportion suivante :

Célibataire de plus de 30 ans, un supplément d'impôt de. . . . . . . . . . . . . . . . . . . . . . . . . . . 50 0/0
appliqué à tous les impôts directs, surtout aux impôts de successions.

Ménages sans enfants. . . . . . . . . . . . . . . . 40 0/0
— avec un enfant . . . . . . . . . . . . . 30 0/0
— — deux enfants. . . . . . . . . . . 10 0/0
tandis que les ménages en ayant trois payeraient l'impôt sans surcharge.

Une telle mesure serait certainement applicable; par l'excédent qu'elle donnerait, le Trésor y gagnerait encore.

Obtiendrait-on pourtant le résultat attendu?

Nous ne le croyons pas (1).

Les familles de quatre enfants et au-dessus étant généralement pauvres et ne payant que des contributions directes très médiocres, le dégrèvement complet ne leur offrirait pas un grand avantage; en tout cas il ne serait pas en rapport avec les ennuis et les frais que l'éducation de leurs enfants leur occasionne. Les quelques sous qu'une famille n'aurait plus à payer à l'Etat ne seraient pas un

---

(1) L'impôt sur le revenu ferait peut-être augmenter le nombre des naissances, si toutes les familles de quatre enfants et plus étaient intégralement exemptées. A cause de l'enquête inquisitoriale sur toute la vie des habitants — indispensable pour arriver à une exacte appréciation des revenus de chacun — cet impôt aurait un caractère tellement vexatoire que le contribuable désirerait avoir quatre enfants, même se marier pour les avoir, afin d'être exempté.

Mais alors, dans peu de temps, il n'y aurait plus personne de soumis à l'impôt! Un dégrèvement partiel ne donnerait un résultat appréciable que dans les familles très fortunées, si l'impôt était très progressif.

En outre, il faudrait que les petits revenus ne fussent pas exemptés, ce qui pourtant ferait disparaître un des grands avantages de cet impôt.

encouragement suffisant à la multiplication de ses membres. En outre, le tableau sur l'état démographique de la France ne donne que 17 0/0 de familles ayant plus de trois enfants (1).

On obtiendrait peut-être un meilleur résultat, en assurant à la femme mariée, à chaque naissance, un dédommagement pour les frais inévitables qu'un accouchement entraîne. Un billet de cent francs parlerait efficacement. Cette somme ne serait pas trop forte, en tenant compte du temps qu'il faut à la nouvelle accouchée pour se rétablir et reprendre le travail. Il importe surtout qu'elle échappe aux accidents graves et aux maladies chroniques, qui la menacent et peuvent la rendre incapable de devenir mère une seconde fois.

La science estime que pour la restauration des organes — non pas des forces, qui se reconstituent bien plus lentement — la mère ne doit quitter le lit que le dix-huitième jour et ne sortir que la cinquième semaine qui suit sa délivrance. D'après une enquête faite dans les hôpitaux des principales villes de province, sur 18,737 accouchées, 12,339 sont sorties le dixième jour et 3,763 le neuvième jour après l'accouchement. A Paris, on cite des

---

| | |
|---|---|
| (1) Famille ayant plus de 3 enfants . . . . | 17 0/0 |
| — — 3 enfants . . . . . . . . . | 13 |
| — — 2 — . . . . . . . . . | 20 |
| — — 1 — . . . . . . . . . | 22 |
| — sans enfant . . . . . . . . . . | 15 |
| Nombre d'enfants inconnus . . . . . . | 1 |
| Célibataires masculins de plus de 30 ans. | 12 |

établissements qui ne gardent les mères que huit jours.

A la Conférence de Berlin, Jules Simon, aux applaudissements des délégués du monde entier, s'exprimait en ces termes : « Le vœu qui interdit « aux accouchées de travailler durant les quatre « semaines qui suivent leur délivrance paraît em- « piéter sur la liberté des adultes ; mais il le fait « au nom de l'intérêt supérieur et évident de la « race humaine... »

La Suisse et l'Allemagne ont adopté des lois de protection pour la maternité. La France pourrait avantageusement suivre cet exemple et donner à la femme la facilité de renoncer à toute fatigue corporelle et à tout travail hors de sa maison, à partir du moment où il y aurait danger pour ses couches et jusqu'à son complet rétablissement, c'est-à-dire quinze jours environ avant et quatre semaines après sa délivrance. Au Congrès de Berlin, une indemnité de 75 centimes à 2 francs fut proposée.

L'Assistance publique semble ne rien faire pour la femme enceinte ou l'accouchée (1). On m'a dit pourtant qu'elle donne aux femmes qui restent chez elles 15 à 20 francs le dernier mois de la gestation; mais rien ne m'a été précisé à l'administration générale de l'avenue Victoria.

L'Assistance ne s'occupe que des enfants, tout

---

(1) Annexes, page 235. Asiles et Refuges. — Ouvroirs pour femmes enceintes.

spécialement de ceux des filles-mères et des femmes délaissées (1). Avant la naissance du troisième enfant, la femme ou fille-mère, non abandonnée, ne reçoit aucun secours. Elle doit donc se séparer de son mari pour obtenir assistance.

Par arrêté préfectoral du 8 mars 1887, les secours accordés aux orphelins sont fixés pour la première année à 18 francs, la deuxième à 15 francs, la troisième à 12 francs et à 10 francs pour toutes les années qui suivent jusqu'à la treizième. L'éducation de l'enfance serait améliorée si l'on donnait les mêmes secours à tous les enfants, sans exception.

L'accroissement du nombre des enfants est sans raison, si l'on n'en fait pas des « hommes » et des « femmes », c'est-à-dire des hommes sachant honnêtement gagner leur vie et des femmes capables d'élever leurs enfants. Il faut des « hommes » à l'Etat, ils lui sont indispensables. L'Etat a donc intérêt à ce que l'éducation soit aussi profitable que possible.

La mère peut être seule chargée de l'éducation de ses enfants. Personne ne peut la remplacer. Le père seul ne pourrait même pas faire un « homme » de son fils. Le père ne peut être utile à son fils qu'à partir du jour où il entre dans la période de la jeunesse et commence ses études en vue de sa carrière future. Avant cette époque

---

(1) Annexes, page 237. Assistance publique.

les conseils, l'affection, l'appui maternels sont indispensables à l'enfant. S'il n'a pas rencontré tout cela chez sa mère, il y aura toujours dans sa vie un vide qu'aucun autre sentiment étranger ne comblera. Une mère seule peut comprendre son enfant. Pour se former, le cœur de celui-ci a besoin de puiser au cœur de celle-là. Plus tard, l'action du père sera plus efficace sur l'intelligence et le jugement de son fils.

Aimer sa mère et en être aimé, comme le veut la nature, n'est-ce pas tout pour le cœur d'un enfant, ce *cereus in vitium flecti* (1) dont il faut faire un caractère?

En observant les hommes, on reconnaîtra souvent que celui-ci s'est endormi sur le sein d'une mère, sous les regards vigilants et protecteurs d'un père; tandis que celui-là a été malheureusement privé de ce bonheur.

Dieu n'a voulu confier ce rôle sublime qu'à une mère. A la religieuse il a donné le titre auguste d'épouse de Jésus-Christ; son dévouement est audessus de la portée d'un enfant. Souvent la seconde mère épuise en vain des trésors de tendresse en s'efforçant de remplacer la première; la grand'mère, qui se voit revivre dans ce petit être, qu'elle voudrait entendre nommer le sien, ne réussit point, malgré toutes les bontés dont elle s'efforce de l'entourer, à remplir ce petit cœur.

Il faut à l'enfant une mère dont le cœur batte

(1) Horace, *Ars poetica*, vers 163.

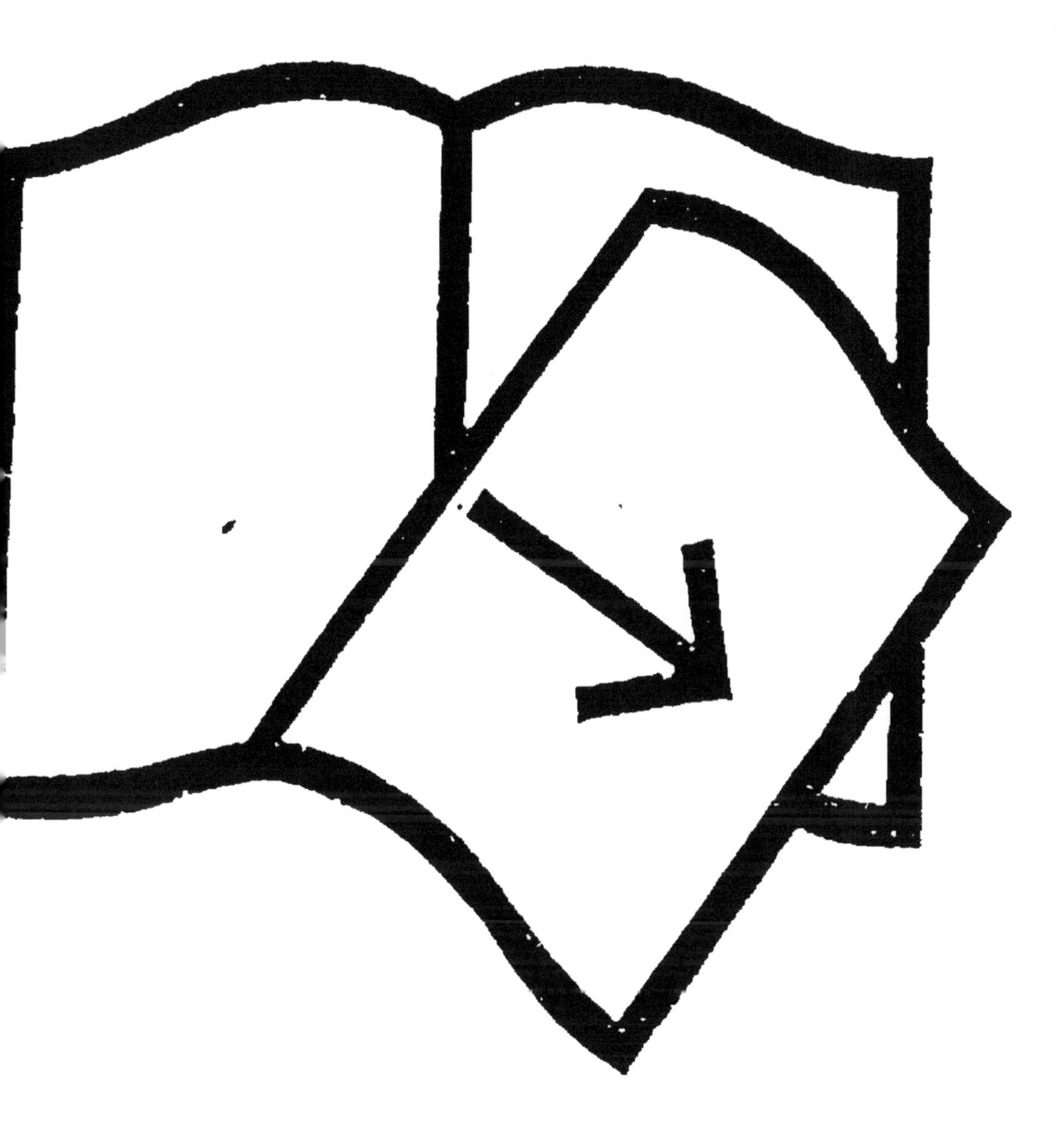

Documents manquants (pages, cahiers...)

NF Z 43-120-13

près du sien. La mère est le chef-d'œuvre de la Providence. Les sentiments maternels ne se délèguent pas. Il n'est donné qu'à la mère de pénétrer jusqu'au fond du cœur de son enfant, de paraître faiblir, de se fortifier, de s'élever avec lui.

La vertu attractive d'une mère vers son enfant se manifeste et s'affirme différemment, mais toujours de la façon la plus efficace aux trois âges de la vie. Elle défend son enfance, elle se fait la conseillère la plus désintéressée de sa jeunesse, elle reste jusqu'à sa mort la plus fidèle de ses amies.

L'homme parvenu au sommet des honneurs a le plus souvent acquis, au milieu des siens, et sous l'influence de sa mère, les qualités qui le distinguent.

La femme ne peut pourtant pas accomplir son rôle dans l'humanité si elle ne peut disposer des moyens indispensables à sa défense et à celle de son enfant.

Il faudrait que la femme eût le droit (1) :

1° De réclamer au père de son enfant des dommages et intérêts pour rupture de promesse de mariage (2);

---

(1) Annexes, page 239.

(2) Le principe est posé par l'article 1382 du Code civil qui dispose : « Tout fait quelconque de l'homme, qui cause « à autrui un dommage, oblige celui par la faute duquel il « est arrivé à le réparer. » Mais cet article est trop vague dans sa généralité; le législateur devrait édicter une disposition précise et formelle pour le cas de rupture de promesse de mariage.

influence sur les autres nations augmentent.

La situation de l'Angleterre et celle de l'Amérique le démontrent. L'activité individuelle n'y est pas plus grande que dans les pays allemands, flamands et scandinaves; mais elle y est plus générale. En Angleterre, le fils aîné seul hérite des biens de la famille; en Amérique, les enfants n'ont aucun droit légal à l'héritage des parents qui disposent de leur fortune comme bon leur semble. Ils favorisent tel ou tel enfant qui justifie leur préférence. En outre, en Amérique, il n'y a pas de titres de noblesse; en Angleterre, celui qui hérite de la fortune hérite aussi du titre. Proportionnellement, le nombre de ceux qui doivent gagner leur vie est plus grand que sur notre continent, où, le plus souvent, les enfants préfèrent vivre modestement avec de petites rentes, que de risquer la part qui leur revient à titre de succession. Dans le commerce et l'industrie, les fils des premières familles, qui ont reçu une instruction et une éducation supérieures, trouvent un moyen facile, non seulement de rehausser la gloire de leur maison, mais aussi d'entretenir dans le peuple l'idée du respect pour la fortune gagnée honnêtement et personnellement. Il n'y a plus de préjugé du moyen âge contre tout commerce, quand l'usure était menacée des foudres de l'Église, qui ne permettait même pas qu'on prélevât un intérêt sur l'argent. Les pays latins sont malheureusement encore imbus de ce préjugé, qui fausse toute idée d'honnêteté commerciale sans diminuer la soif de l'or.

La jeune fille élevée dans sa famille donne une force particulière à l'activité de l'homme. Avant son mariage, elle a rendu la maison paternelle aussi attrayante que possible et, mariée, elle désire son « home » aussi confortable que celui des jeunes femmes, ses amies. Elle y réussira d'autant mieux que son goût aura été développé par l'esthétique et que ses sentiments auront été ennoblis au contact d'une femme d'éducation supérieure.

Plus que l'homme, la femme désire améliorer sa condition sociale. Pour y arriver, la toilette et le bien-être domestique sont ses deux agents les plus puissants. Ayant appris la direction et les exigences du ménage, elle peut satisfaire ses désirs sans dettes et sans parcimonie.

Elle n'a pas à craindre que les moyens lui manquent. Le bien-être domestique a une si grande force attractive que l'homme, entraîné au dehors par la dissipation avant son mariage, se corrige par le mariage. Il retombe dans ses anciennes habitudes, si sa femme n'est pas à la hauteur de sa tâche.

Dans tous les pays on a remarqué que l'homme recherche d'autant plus son chez-soi que les sentiments de la femme sont plus élevés et que la paix et le bien-être règnent dans la maison.

En Suisse, on est si convaincu de l'efficacité de l'enseignement de l'économie domestique, comme moyen de combattre l'alcoolisme, que les 10 0/0 des bénéfices nets sur la fabrication et la vente des alcools, dus par le Gouvernement fédéral aux cantons d'après le paragraphe 32 et partagés d'après le nombre de leurs habitants, sont entièrement affectés aux cours de cuisine. Les sommes réservées à cet enseignement furent même augmentées d'année en année par les gouvernements cantonaux : elles étaient, dans le canton de Berne, de 2,776 fr. en 1891 (pour sept cours payants), en 1892 de 4,966 francs (pour vingt cours payants), en 1893 de 6,478 francs, en 1894 de 10,588 francs (1).

La jeune fille, élevée à l'internat, n'aura pas le désir de se créer un « home » comme nous l'entendons, n'en connaissant pas les douceurs. Sa maison sera meublée, mais rien n'y trahira son initiative personnelle ; ses domestiques la serviront sans qu'elle sache les diriger ; ses toilettes seront du meilleur goût, mais elle sera incapable de les créer, de les choisir, encore moins de les confectionner. Ne sachant pas compter, elle dépensera sans raison ni mesure ; de là des demandes d'argent inopinées qui grèveront d'autant plus lourdement le budget du ménage qu'elles seront imprévues. Les dettes, les querelles conjugales avec toutes leurs tristes conséquences seront le résultat d'un pareil état de choses ; l'honneur du nom, l'existence même de la famille seront compromis et aucune garantie sérieuse n'existera plus pour l'établissement des enfants.

L'éducation à l'internat empêche la femme d'enrichir son pays ; car, en étant une unité, elle l'ap-

(1) Annexes, page 272. Consommation d'alcool.

pauvrit en s'appauvrissant elle-même. Toute somme dépensée, sans retour sous la même ou sous une autre forme tangible, produit un appauvrissement.

La maîtresse de maison, telle que nous l'entendons, et qui achète sans s'appauvrir, enrichit son pays. Limitant volontairement ses dépenses, elle crée la nécessité de multiplier et de rendre plus accessibles à la bourse de chacun les denrées alimentaires et les objets devenus indispensables à la vie. La consommation est le premier anneau de la chaîne de faits qui produit la prospérité.

Plus la consommation s'accroît, plus la multiplicité des moyens de transports s'impose, plus les travailleurs sont nécessaires, plus le chômage diminue.

Plus les machines augmentent, plus la production est activée, plus les prix de revient peuvent être abaissés, plus l'achat devient général, plus la condition sociale s'améliore, plus les produits de l'art sont recherchés, plus l'instruction se répand, plus les mœurs se ressentent de l'influence de la philosophie.

L'augmentation du bien-être domestique est donc nécessaire avant tout.

En effet, la seule raison pour laquelle dans l'Extrême-Orient, en Chine notamment, la civilisation est restée stationnaire, c'est que le bien-être n'a pu y être recherché. Les efforts de l'intelligence ne pouvant faire sortir les gens, naturellement doués, de la classe à laquelle ils appartiennent par la naissance, une couche sociale inférieure n'a pu se mettre en contact avec celle qui lui est supérieure. La suprématie du clergé donnait aux gens d'Église la facilité de vivre aux dépens du peuple, de lui enlever, sinon la nourriture quotidienne, au moins le bénéfice de tout gain superflu, indispensable à l'acquisition du bien-être. L'estime pour le lettré et le mépris pour le commerçant ont entravé le commerce et encouragé le stérile travail d'apprendre par cœur les anciens écrits. Les formules invariables dans lesquelles le clergé a tenu enserrés les arts du bronze et de la sculpture, afin qu'ils servissent exclusivement aux solennités de la religion ; les règles imposées par les académies aux arts de la porcelaine et de la peinture, sous l'influence du souverain et de la classe supérieure (lettrés et nobles), ont restreint les produits de l'art dans de certaines limites.

L'accroissement de la population a seul empêché le recul de la civilisation. Cet accroissement s'est produit, malgré l'entrée de la polygamie dans les mœurs et les lois, à cause de la bonne constitution de la famille, du grand respect des enfants pour leurs parents, du lien solide entre le père et le fils, de l'éducation de la femme et des honneurs qui lui sont rendus.

Les peuples mahométans : les Turcs, les Persans, les Arabes, etc., offrent le même exemple. Le luxe étant proscrit par le Coran, et la vie terrestre étant considérée comme un acheminement vers le paradis, le fidèle ne connaît pas le bien-être domestique. Aussi ces peuples restent-ils au même degré de civilisation. Ils gardent, grâce aux liens solides qui unissent les membres de la famille, la force défensive contre tout envahissement étranger.

Pour que l'amélioration générale, autrement dit la civilisation progresse, il ne faut pas que la population décroisse.

C'est la condition *sine qua non.*

Il est certain que la diminution du chiffre des naissances présente à l'heure actuelle moins d'inconvénient que par le passé, puisqu'elle se trouve compensée, dans une proportion très appréciable, par les progrès de la médecine, de la chirurgie et surtout par l'observation de plus en plus sérieuse des mesures d'hygiène qui enrayent les épidémies et combattent la mortalité des nouveau-nés.

Une diminution accidentelle ne peut donc nuire; mais, continue, elle devient inquiétante et entraîne fatalement la disparition de la race.

L'augmentation de la population produite par l'immigration peut être la dernière manifestation de la série des faits que nous venons d'indiquer comme résultant de la généralisation du bien-être. En ce cas, la prospérité et la civilisation sont de plus en plus progressives, la consommation étant forcément secondée par cette augmentation.

Malheureusement ces faits ne donnent jamais un accroissement de naissances. Ils entraînent l'adoucissement des mœurs chez les peuples qui ont conservé la vie de famille et qui, grâce à elle, gardent une moyenne constante de naissances, savoir : 38 par 1000 habitants (1). Cet adoucissement provoque le relâchement des mœurs, causant l'affaiblissement de la race et infailliblement la disparition des peuples qui ne combattent pas la démoralisation par une éducation saine et rationnelle.

La décadence de la Grèce, comme celle de tant d'autres peuples — Chaldéens, Assyriens, Romains — a commencé au point culminant de son luxe et à l'apogée de sa grandeur, faute de trouver dans son propre sein le germe de sa régénération.

Si la France ne prend pas des moyens efficaces pour empêcher sa chute, elle subira le sort de la nation qui la première civilisa l'Europe : la Grèce, dont elle tient la place depuis trois siècles.

Sa position en face de l'Allemagne rappelle celle d'Athènes vis-à-vis de Rome un siècle et demi avant notre ère. Le Grec a civilisé Rome en lui apportant ses arts et sa philosophie. L'Allemagne n'a pris son élan artistique et littéraire qu'après avoir saisi notre manière de traduire le sentiment et la pensée.

---

(1)

| | 1841-50 | 1881-90 | |
|---|---|---|---|
| Allemagne (territ. actuel) | 38 | 38 | p. 1000 hab. en un an. |
| Autriche — | 38 | 38 | — — |
| Angleterre — | 33 | 33 | — — |
| Italie — | 37 | 38 | — — |
| France — | 27 | 24 | — — |

Son affaiblissement a commencé avant celui des pays du Nord, parce que comme Babylone, Ninive, Rome, sa capitale a eu, par la centralisation, une influence néfaste sur les mœurs des autres villes du pays et même sur celles de la campagne.

Les peuples de l'est et du nord de nos frontières ont conservé leur ancienne division en provinces avec leurs libertés administratives. Chaque province forme comme une petite république qui refuse de renoncer à son indépendance et elle trouve la force de résistance dans la conservation même de ses mœurs.

Grâce à son administration autonome, ses habitants désireux de se distinguer de leurs concitoyens trouvent facilement l'emploi de leur activité intellectuelle.

Ainsi organisée, la province, consciente de sa force défensive, ne saurait redouter de voir placer à sa tête comme représentant du pouvoir central un étranger dont les capacités spéciales et l'esprit éclairé pourraient développer sa prospérité.

Au contraire la division en départements a déterminé le relâchement des mœurs et des usages provinciaux devenus inutiles; tandis que la centralisation à outrance a ravi aux centres régionaux leurs forces intellectuelles et vitales au profit unique de la capitale.

Quand les peuples étrangers commettront l'imprudence de la France en détruisant la province et en poussant la centralisation à l'extrême, le nombre des naissances décroîtra et la prospérité générale diminuera chez eux comme elle a diminué chez nous.

La France discute actuellement le problème de la décentralisation. Aucun résultat sérieux ne peut être obtenu si les anciennes provinces ne sont rétablies et si elles ne se gouvernent elles-mêmes. En outre, il faut que leurs gouverneurs ou préfets (représentants du pouvoir central) y soient élevés ou restent assez de temps à leurs postes pour saisir les idées régnantes et se plier aux mœurs locales.

La France prendra-t-elle cette décision?

Pour éviter que notre pays disparaisse il n'y a que deux moyens efficaces : empêcher la dislocation de la famille et introduire une race étrangère. Conserver la race française dans toute sa pureté est chose impossible : il est du reste fort douteux que sa pureté soit absolue.

Le premier moyen est difficile, mais cependant possible. Son effet sera plus sensible s'il est employé concurremment avec le second qui apportera une force nouvelle à notre race.

L'intromission de l'élément étranger ne fera d'ailleurs courir aucun risque à nos qualités nationales si la femme française est élevée en vue du mariage.

L'immigration ne peut qu'augmenter la vigueur d'un peuple; nous en trouvons la preuve dans tous les pays.

L'étranger apporte avec lui les connaissances propres à la jeunesse de son pays, sa force pour le

2

travail, son activité, son sentiment de responsabilité personnelle, sa conscience de ne pouvoir compter que sur lui-même, son respect pour le commerce et l'industrie. Qu'il entre donc librement chez nous, mais sans chercher à nous nuire. Qu'il s'identifie à nous et aime notre pays comme nous l'aimons nous-mêmes, que ses fils soient Français et défenseurs de la patrie comme les nôtres; qu'en tout et partout il se montre Français.

Mais tous les étrangers peuvent-ils ainsi se fondre avec nous ?

L'Anglais reste Anglais, n'importe où il se trouve. Il n'adopte ni les mœurs, ni les habitudes du pays dans lequel il se fixe, rarement même il en apprend la langue. Au contraire il y importe ses idées, sa manière de vivre, et il est rare que ses fils deviennent de vrais enfants du pays. Il se trouve donc ainsi par ses qualités natives, si louables et si avantageuses pour lui, incapable d'aider par son immigration à repeupler un pays qui veut rester français.

Qu'il soit le bienvenu chez nous ; qu'il apporte à notre commerce et à notre industrie l'appoint de sa richesse en échange du séjour agréable que lui offrent nos grandes villes.

Nos grands magasins ne m'en voudront pas de l'attirer dans notre capitale. Nos couturières et nos modistes n'en verront pas moins leurs articles recherchés à l'étranger où le goût français est si apprécié.

L'Allemand a une particularité qui nous est favorable : il adopte pour patrie le pays où il trouve son pain. Il devient Russe, Français, Anglais, Américain. Il n'est pourtant bon patriote que dans le pays où il trouve une civilisation supérieure à la sienne, un bien-être plus grand, une liberté de parole et d'action plus entière. Ainsi il est bon Français, Belge, Hollandais, Anglais ; ses descendants le seront plus entièrement encore. En Russie il reste Allemand de cœur, bien qu'issu d'Allemands, habitant ce pays depuis une ou deux générations. Les colonies souabes dans le midi de la Russie en sont un exemple.

On ne peut naturellement dire la même chose du juif allemand. On n'a jamais trouvé dans l'histoire des juifs un sentiment vrai de patriotisme. Ils ont le sentiment de la tribu. Ils reconnaissent l'autorité du chef héréditaire, aux ordres duquel ils obéissent sans opposition ; ils méconnaissent un pouvoir qu'ils pourraient obtenir eux-mêmes par le droit d'élection. Ainsi, en Angleterre, ils sont réellement de fidèles sujets de la reine; en Hollande, ils se montrent meilleurs orangistes que la plupart des Hollandais ; en Allemagne, ce sont de bons impérialistes. En France, ils ne sont rien. Avant la Révolution, ils étaient bons royalistes ; si le Premier Empire avait duré, ils seraient devenus bons impérialistes ; si les descendants de Louis-Philippe régnaient encore, ils seraient orléanistes. En Espagne, en Angleterre, aux Pays-Bas, ils appartiennent à la reine; en Russie, en Autriche, en Allemagne, à l'empereur. En Europe : la France et la Suisse; en Amérique : les États-Unis du Nord et les républiques du Centre et du Sud leur appartiennent.

Il y a pourtant trois raisons pour lesquelles nous ne pouvons désirer chez nous un trop grand nombre d'Allemands. Par leur multitude ils pourraient nous envahir; notre esprit français, notre langue, notre génie national courraient un danger. Déjà ils ont modifié notre musique, ils ont influencé notre mode d'instruction, ils veulent nous imposer leur théâtre. Il y a même à craindre que, dans leur nombre, il ne s'en trouve qui, fidèles à la mère-patrie, considèrent comme un devoir de contribuer à la puissance de l'Allemagne, au détriment de la France. La raison principale se tire de l'impossibilité où nous sommes d'admettre l'Allemand dans nos familles par une alliance tant que le temps n'aura pas effacé des souvenirs trop récents, tant qu'une entente cordiale ou raisonnable n'aura pas eu lieu au sujet de l'Alsace et de la Lorraine. Ces deux dernières difficultés disparaîtraient s'il s'agissait des peuples allemands qui, en 1870, auraient préféré rester dans leurs foyers plutôt que d'aider les Prussiens à fonder l'empire au préjudice de leur indépendance.

Le danger de germanisation reste donc; il est réel. D'ailleurs la population de la rive gauche du Rhin montre que les descendants des Francs peuvent devenir de bons Allemands. A l'intérieur de nos frontières nous aurions un peuple qui se germaniserait et sur nos frontières l'Allemand qui attendrait le moment favorable pour nous écraser par le nombre. Dans quatorze ans l'Allemagne aura deux fois plus d'hommes que nous sous les armes (1). De même qu'au ve siècle les Francs furent impuissants à repousser les hordes d'Attila, les Français seraient impuissants à repousser les armées de Guillaume II. Il ne suffirait plus à Berlin d'avoir un *Sieges-säule :* une colonne portant une victoire dorée, pour exprimer sa joie d'avoir triomphé d'un peuple qui a toujours porté ombrage à sa puissance. L'Allemagne inscrirait sur son drapeau, graverait en lettres d'or sur tous ses monuments : *Finis Galliæ.*

Le Scandinave et l'habitant des petits pays de l'Europe, qui depuis longtemps sont absolument indépendants, ne présentent pas le moindre danger.

Étant donné le nombre restreint d'habitants dans chacun de ces petits Etats, leurs fils ne pourront se multiplier chez nous de manière à ce que notre vie en soit influencée. Tous d'ailleurs comprennent trop l'intérêt qu'ils ont au maintien de l'équilibre européen et le danger auquel leur indépendance peut être exposée par une guerre entre deux grandes puissances, pour vouloir contribuer à la force de l'Allemagne et pour ne pas désirer que la

---

(1) La population allemande augmente chaque année d'environ 600,000 habitants. L'Autriche et l'Italie comptent à peu près la même augmentation ; la Russie, une d'un million et demi, soit la population de l'Alsace-Lorraine.

France se fortifie. Ils ne seront jamais nos ennemis.

Nous pouvons donc les introduire dans nos familles, leur permettre des alliances; nous n'aurons qu'à leur demander d'habiter la France, d'y faire preuve de la reconnaissance qu'ils doivent au pays qui les reçoit comme ses enfants.

Nous avouons qu'ils ne changent que difficilement leurs idées ou leur caractère, qu'ils gardent au fond du cœur un grand attachement à leur patrie durant toute leur vie ; mais ce défaut, réel pour nous, est contre-balancé par un avantage tiré de la forme de notre gouvernement. Quoique gouvernés par des souverains — à l'exception de la Suisse — qu'ils aiment réellement, ils ont été élevés, dès l'enfance, dans un milieu et par des hommes qui ont le culte de la liberté individuelle, tant dans l'action que dans la parole, une répugnance enracinée pour tout ce qui pourrait la restreindre. Ils ne désirent pas la forme républicaine pour leur patrie, parce que l'histoire lie leur pays à leurs souverains et que ceux-ci dépendent absolument de la population par leur impuissance constitutionnelle : leur signature tirant toute sa valeur de la contresignature d'un ministre responsable devant le Parlement. Ils ne désirent pas qu'en France le régime démocratique soit changé, parce qu'ils savent qu'actuellement ils jouissent d'une liberté qu'ils ne connurent jamais sous un roi ou un empereur ; et le passé et les traditions de notre pays n'ont pour eux qu'une valeur historique.

Il ne sera point difficile à chacune de nos jeunes femmes si éminemment françaises de faire un bon Français de cet étranger lorsqu'il aura sollicité la faveur de sa main, et surtout s'il l'a épousée moins en considération de sa nationalité qu'en raison de l'affection qu'il lui porte : pour sa grâce, son élégance et son esprit. Elle lui fera sans peine partager ses sentiments, son amour pour la France, son admiration pour la civilisation française, ses vues sur la beauté et l'élévation du cœur et de l'esprit. Pour elle, il sera Français ; ses parents seront ses parents ; ses beaux-frères et belles-sœurs deviendront ses frères et ses sœurs ; la famille de sa femme sera sa famille et la France sa patrie.

Pour rendre une jeune Française capable d'accomplir une mission aussi noble, aussi élevée, il lui faut à elle-même une éducation complète. Cette éducation complexe de la vie de famille française ne peut s'acquérir que par l'éducation au foyer familial et par la famille elle-même.

Si je suis bien renseigné, M. l'abbé Lemire et la comtesse d'Adhémar s'efforcent en ce moment de trouver les moyens propres à ramener et à faire revivre au milieu de nous la bonne vie de famille des temps passés ; ils se proposent d'en faire le sujet de conférences publiques.

Tout le monde est d'avis que la disparition de cette vie de famille est une des grandes causes du mal que nous déplorons. Nous doutons que les conférences la fassent renaître.

Pourquoi cette vie a-t-elle disparu?

Jusqu'au milieu de ce siècle, le ménage et tout ce qu'il comporte était la grande occupation de la femme, même dans la classe aisée. Le progrès de l'industrie, après la disparition des corporations, est arrivé à produire mécaniquement ce qui se faisait autrefois par la main de la femme. Cette évolution, si heureuse à tant de points de vue, ne pouvait être que funeste dans ses conséquences pour les pays essentiellement industriels, surtout pour la France, où la femme travaillait en compagnie de son mari pour gagner le pain quotidien. Elle a forcé la femme à abandonner son foyer pour trouver du travail. En la séparant ainsi de son mari, elle a divisé la famille et diminué le nombre des naissances.

En France, les naissances annuelles ont diminué progressivement :

| | | |
|---|---|---|
| 1801-10 . . | 33 | par 1000 habitants. |
| 1811-20 . . | 32 | — — |
| 1820-30 . . | 31 | — — |
| 1831-40 . . | 29 | — — |
| 1841-50 . . | 27 | — — |
| 1851-60 . . | 26 | — — |
| 1861-70 . . | 26 | — — |
| 1871-80 . . | 25 | — — |
| 1881-90 . . | 27 | — — |
| 1891-95 . . | 22 | — — (1). |

(1) Par 1000 habitants :
En 1895 : naissances, 21,4; décès, 22,4; mariages, 7,01; divorces, 0,170.
En 1896 : naissances, 22,7; décès, 20,2; mariages, 7,05; divorces, 0,181.
En 1897 : naissances, 22,4; décès, 19,6; mariages, 7,06; divorces, 0,195.

tandis qu'en Allemagne, en Autriche, en Angleterre, en Italie et dans les autres pays de l'Europe, où la femme en général n'est pas forcée de quitter sa demeure, le nombre des naissances est resté presque stationnaire, savoir 38 par 1000 habitants.

Aussi, en quatre-vingt-dix ans, la population de :

| | | |
|---|---|---|
| La Hollande s'est augmentée de | | 140 0/0 |
| L'Angleterre | — | 137 |
| L'Allemagne | — | 113 |
| La Belgique | — | 100 |
| Et celle de la France | — | 40 |

Ici nous avons une nouvelle preuve de ce que nous avons avancé. L'augmentation la plus forte est dans les deux pays — Hollande et Angleterre — où le commerce plutôt que l'industrie fait vivre le peuple; où la femme reste chez elle, comptant sur le gain de son mari.

On s'y est même inquiété de cette forte augmentation.

Se fondant sur les doctrines de l'économiste anglais Malthus et tirant des conséquences de la richesse en France coïncidant avec un décroissement progressif de population, des sociologues ont fondé d'abord en Angleterre, puis en Hollande, des *Associations néo-malthusiennes*, en vue d'examiner les mesures à prendre étant donné le nombre inquiétant des naissances.

Nous ne partageons pas leur crainte.

L'évolution commerciale et industrielle dépend du nombre des travailleurs. L'accroissement de l'une exige celui de l'autre, qui suppose celui de la population. Ni la richesse d'un pays, ni la densité de la population, pas même l'amitié entre deux peuples ne peuvent influencer le commerce et l'industrie.

Faisons la comparaison des mouvements commerciaux de l'Allemagne et de la France avec la Russie.

Malgré l'alliance entre la France et la Russie, malgré la sympathie réciproque des deux peuples, le mouvement commercial entre ces deux nations diminue progressivement et donne :

| | IMPORTATION EN RUSSIE | IMPORTATION EN FRANCE | IMPORTATION TOTALE |
|---|---|---|---|
| | — | — | — |
| En 1893 : | 21,000,000 de fr. | 235,000,000 de fr. | 256,000,000 de fr. |
| En 1894 : | 23,000,000 — | 282,000,000 — | 305,000,000 — |
| En 1895 : | 23,000,000 — | 195,000,000 — | 218,000,000 — |
| En 1896 : | 25,000,000 — | 178,000,000 — | 203,000,000 — |

tandis que l'échange entre l'Allemagne et la Russie, malgré l'antipathie réciproque, se chiffre par :

| | IMPORTATION EN RUSSIE | IMPORTATION EN ALLEMAGNE | IMPORTATION TOTALE |
|---|---|---|---|
| | — | — | — |
| En 1893 : | 268,000,000 de fr. | 367,000,000 de fr. | 635,000,000 de fr. |
| En 1894 : | 380,000,000 — | 394,000,000 — | 774,000,000 — |
| En 1895 : | 466,000,000 — | 467,000,000 — | 933,000,000 — |

Les céréales russes importées en Allemagne ont été payées par les articles de l'industrie allemande importés en Russie, surtout par les fers profilés et ébauchés, les barres, tôles, etc., dont la progression a été :

| | |
|---|---|
| En 1893. . . | 55,876,400 kilogrammes |
| En 1894. . . | 191,194,400 — |
| En 1895. . . | 225,123,300 — |

Le mouvement commercial entre la France et la Russie n'a pas été un échange, mais un achat d'articles russes avec de l'or français. L'augmentation d'importation russe chez nous consiste surtout en :

| | CHEVAUX | PEAUX ET CUIRS | PEAUX BRUTES |
|---|---|---|---|
| | — | — | — |
| En 1891 . . . | 300,000 » | 913,000 » | 3,603,000 » |
| En 1896 . . . | 2,812,000 » | 2,228,000 » | 7,140,000 » |

La comparaison des chiffres d'exportation de l'Autriche et de l'Allemagne avec ceux de la France — pays plus fortuné que les deux autres — par rapport à l'augmentation et à la densité de leurs populations, donne le résultat suivant :

L'exportation de l'Allemagne augmente d'un million et demi de francs (2,974 millions en 1872-1876, et 4,540 millions en 1896); sa population augmente de 11 millions d'âmes (41 millions et 52 millions en 1876), donnant une densité de 91 habitants par kilomètre carré.

L'exportation de l'Autriche augmente de 933 millions de francs (1,055 millions en 1869-73 et 1,988 millions en 1894); sa population augmente de 7 millions d'âmes (37 millions en 1870 et 45 millions aujourd'hui), donnant une densité de 66 habitants par kilomètre carré.

L'exportation de la France n'augmente que de 68 millions (3,306 millions en 1867-76 et 3,374 millions en 1895); densité : 71 habitants par kilomètre carré (1).

Ce résultat est la conséquence inévitable de l'accroissement insuffisant de notre population (2).

Le développement industriel n'a même pas eu une influence absolument heureuse sur la famille, où la femme ne s'occupe que de son ménage. Il est devenu plus avantageux à la mère de famille d'acheter les différents articles de mercerie et de confection que de continuer à les faire ou même de

---

(1) 19 habitants par kilomètre carré en Russie.
35 — — Espagne.
107 — — Italie.
120 — — Angleterre.
215 — — Belgique.

(2) Une autre preuve que le développement commercial d'un pays ne dépend que de l'accroissement de la population et de l'activité individuelle du citoyen, est donnée par le Rapport officiel sur le commerce de l'Egypte en 1897, publié par le Foreign Office. Malgré l'influence politique et morale exercée par l'Angleterre, ses importations en Egypte n'ont augmenté en un an que de 12 millions sur un total de 250 millions; tandis que les importations belges et allemandes ont quintuplé. Celle de la France a perdu plus de deux millions depuis sept ans, malgré l'influence morale qu'elle continue d'exercer en Egypte.

Remarquons aussi que dans les 112,000 étrangers, fixés en Egypte, on trouve : 38,000 Grecs, 24,000 Italiens, 19,000 Anglais, 14,000 Français.

les réparer. En outre, le bon marché a fait naître chez elle le désir d'un bien-être domestique plus coûteux et d'une toilette plus luxueuse. Il en est résulté que son *valet emere* (puissance et moyen d'acheter) et le besoin de trouver les moyens d'augmenter ses ressources pécuniaires sont devenus de jour en jour plus impérieux. Dans la même proportion, les loisirs pour méditer sur son état de dépendance vis-à-vis de l'homme se sont multipliés. C'est alors que, jugeant son instruction inférieure, elle a résolu d'aborder les études libérales qui lui rendaient l'homme supérieur.

Le temps a amené d'autres changements.

L'autorité qui, jusqu'alors, avait cru l'enseignement primaire et supérieur suffisants, acquérait la conviction que l'État progresse et décroît avec le niveau de sa population. Elle visait à l'instruction générale du peuple et se proposait d'adopter le principe de l'instruction à la charge de l'État.

De là naquit l'enseignement secondaire.

Les programmes d'examens et de brevets étant réglés par l'État, les écoles libres furent forcées d'accepter ses conditions d'enseignement.

La femme réclamait le droit d'en profiter, d'égaler l'homme en instruction, et les mêmes connaissances exigées des instituteurs furent imposées aux institutrices.

Le talent du ménage a été relégué dans l'oubli. Souvent même il a été méprisé. La science a supplanté l'art ménager au lieu de le développer et de faire ressortir la supériorité de son but pratique.

Loin de moi la pensée de blâmer les efforts de la femme pour se rapprocher du niveau de l'homme. J'estime au contraire que c'est en se mettant à la hauteur du mari qu'elle peut être sa véritable compagne dans la vie.

Par ses études scientifiques, elle relève l'humanité et la valeur intrinsèque de l'État ; l'homme est forcé d'augmenter son savoir pour ne pas devenir l'inférieur de sa femme et n'avoir droit qu'à son indulgence. La force d'un peuple dépend du degré intellectuel et moral des individus.

Pourtant, à côté de son désir d'égaler l'homme en valeur et de mériter les mêmes droits légaux, elle ne peut oublier son rôle dans l'humanité, sa place dans la vie sociale, son devoir dans le mariage, la raison même de son existence.

Au mari incombe le devoir de fournir le nécessaire à sa famille, de défendre la patrie et le foyer.

La femme est l'ange de la maison où elle doit continuer l'œuvre du créateur ; l'avenir lui appartient. Après nous avoir donné la vie, c'est elle qui doit nous former. Nous serons et la société sera ce qu'elle nous aura faits. Sa patience, son abnégation, sa douceur sont des armes auxquelles l'homme ne résiste pas. Il est heureux de mettre à son service son énergie, sa force, son dévouement, son amour.

Avec cela, elle est reine.

Sans cela, elle n'est qu'une poupée.

L'idée qu'ordinairement nous avons d'une poupée ne s'applique généralement pas aux femmes de l'autre côté de l'Atlantique où elles ne se laissent rebuter, dans le choix d'une carrière à leur goût, par aucun obstacle, par aucun péril. Elles méritent d'être appelées : *virago*.

Nous sommes forcés, involontairement peut-être et souvent avec étonnement, d'admirer chez elles un genre de perfection que nous n'ambitionnons pas.

Je comprends le désir de la femme de se livrer à l'étude du droit en vue de faire triompher la justice et d'entrer dans la magistrature comme Mlle Ella Knowless, actuellement *attorney general* pour l'État de Montana, ou d'aspirer à devenir membre du Barreau comme Mlle Chauvin, chez nous.

Je comprends aussi le choix de Mlle Malvina Bennett, professeur d'éloquence à l'Université de Boston, et je ne doute pas que son cours ne soit très suivi. Le choix de miss Rachel Franck, lauréat du collège hébreu de Cincinnati, qui obtint le poste de rabbin, me paraît au moins aussi heureux que celui des femmes pasteurs, dont on compte déjà une vingtaine en Amérique. Comme nos bonnes religieuses, elles suivent une vocation. Elles s'efforcent de répandre la parole divine, d'encourager la vertu, de consoler et de soulager la misère.

Je comprends encore la femme qui s'adonne à l'architecture, à la chirurgie, mais je ne vois pas très bien son aptitude aux fonctions de notaire, de télégraphiste, de conducteur de tramway, de maire et encore moins d'inspectrice de voirie, comme à Buffalo, ou de commandante d'une brigade de pompiers comme à Kansas-City.

Je ne comprends pas du tout miss Anna Curnetti, qui a trouvé la réalisation de son bonheur en se mettant courageusement à la recherche et à la poursuite des plus dangereux malfaiteurs d'Oklohama-City; elle porte le titre de commissaire supérieur de la police.

Voilà une jeune fille qu'on n'aura pas besoin d'aider dans le choix d'un mari, si tant est qu'elle en désire un; car, et c'est peut-être un bonheur, je ne sache pas qu'en Amérique aucune de ces demoiselles excentriques ait déjà condescendu à accorder leur main.

Heureusement, le mariage fait disparaître ce côté bizarre de la jeunesse. Dans le bonheur et la joie que procure la vie familiale, la femme se retrouve et redevient elle-même; tout désir disparaît devant celui d'assurer le bien-être et la félicité dans le ménage.

Aussi, en Amérique, les femmes mariées ont-elles toutes des occupations appropriées à leur sexe. Par exemple : M^me^ Ansan King, gérante d'immeubles; M^me^ May chargée, à New-York, de choisir les cadeaux et d'organiser les soirées ou les bals pour les personnes qui ne peuvent s'en occuper elles-mêmes et qui se fait ainsi un revenu d'environ 5,000 dollars par an. Une autre dame de la même ville donne des leçons de whist à un dollar le cachet.

La femme qui, par son travail, s'efforce d'augmenter les revenus de la famille, est digne de toutes les louanges; l'estime et l'affection de son mari ne peuvent que grandir. Si, avant le mariage, elle a bien étudié et choisi son époux, elle est heureuse dans son ménage et se refuse à prendre une occupation qui l'éloignerait de son foyer.

Seulement, afin de pouvoir exercer une profession dans le mariage, il est presque nécessaire que la jeune fille ait déjà fait le choix de celle qui lui permettra de rester à la maison. Il est toujours plus facile de continuer une profession que d'en apprendre une nouvelle, surtout lorsque les soins du ménage absorbent une certaine partie du temps et de l'intelligence. Il y a tant de professions à choisir ! j'en donne une longue liste aux annexes (1) et je suis convaincu d'en avoir encore oublié.

La femme que la fortune dispense des besoins d'exercer une profession et qui aspire à se faire un nom dans la société emploiera ses loisirs à un travail dont l'humanité pourra bénéficier.

Si elle désire se distinguer par une occupation plus virile que celles appropriées à son sexe et restées jusqu'ici l'apanage de l'homme, elle ne devra pas oublier que son rôle est de soutenir ses sœurs. Sans être trop imbue du sentiment de sa supério-

---

(1) Page 276.

rité et surtout sans en faire parade, elle emploiera son érudition et son activité à obtenir des hommes les lois nécessaires aux femmes pour accomplir leurs devoirs d'éducatrices, elle répandra le résultat de ses études scientifiques, en tant que ses sœurs pourront le mettre en pratique. Par son intermédiaire la science exercera son influence sur l'alimentation, l'habillement, l'aération, la pénétration du jour, l'éclairage, le chauffage, le confort pratique de la maison, les soins à donner aux malades et aux enfants. C'est elle encore qui devra obtenir la modification du système d'instruction en ce sens que les facultés de réfléchir et de raisonner, de comparer et de conclure, se développent proportionnellement aux progrès de l'érudition, et que dans l'enseignement en classe il sera tenu compte de l'intelligence de chaque élève. Elle exigera aussi que les examinateurs refusent de délivrer un diplôme ou un certificat à tout candidat qui posséderait l'érudition sans la notion de l'utiliser, ce qui est plutôt l'indice d'une mémoire fidèle que d'une intelligence cultivée (1).

En France, la femme peut déjà trouver en ce

---

(1) Toute érudition non utilisée est superflue. L'utilisation n'est possible que par la notion exacte de la possibilité ou probabilité et de la justesse de ce qui est emmagasiné dans la mémoire; cette notion n'est obtenue que par le raisonnement et la comparaison.

Les efforts de la femme seront vains s'ils ne sont pas sanctionnés par nos législateurs. Des lois sont indispensables. (Voir annexes, page 278.)

genre de très beaux exemples, des modèles recommandables. Ils sont connus; je ne donne pas de noms pour ne pas offenser une vertu qui est l'ornement de la distinction et le trait caractéristique de nos dames françaises.

En Angleterre, la femme trouve plus d'encouragement en ce genre de perfection. Toutes les professions libérales lui sont ouvertes; elle choisit de préférence celles dont son sexe profitera davantage, sans oublier qu'elle est essentiellement éducatrice de l'enfance.

La comtesse de Münster écrit un travail historique remarquable sur Louis-Philippe et la reine Marie-Amélie; l'ambassadrice lady Currie, un volume de vers sous le titre de *la Croix et le Croissant;* la comtesse de Jersey, des fables et des contes à moralités pour les enfants; la comtesse de Malmesbury étudie la cause féminine; lady Archibald Campbell l'harmonie des couleurs. Ce dernier auteur est même, avec la marquise de Londonderry et lady Alice Glenesk, devenue collaboratrice de la revue *The Nineteenth Century*. Après avoir fondé et soutenu le *Woman at home* et le *Lady's Realm*, spécialement destinés à la perfection de la femme, ces dames fortunées publient aussi des articles dans cette importante revue, qui n'en accepte que d'absolument sérieux et bien fondés.

Tandis que ces représentantes de la vieille noblesse anglaise touchent leurs droits d'auteur, lady Henry Sommerset cherche les moyens de diminuer la misère et la corruption dans l'*East-End* de Londres; la marquise de Dufferin et Ava étudie ceux de relever la femme de l'Inde. Elle fonde des hôpitaux, encourage les jeunes Indiennes des classes élevées à étudier la médecine pour soulager les personnes de leur sexe qui, bien souvent dans ce pays, se laisseraient plus volontiers mourir que de se faire soigner par un homme, surtout par un Européen. En quelques années, la marquise de Dufferin a eu ainsi la satisfaction et l'honneur de voir plusieurs demoiselles brahmines conquérir le grade de docteur en médecine et se dévouer, avec le plus grand succès, au relèvement social et à l'émancipation naturelle de la femme indienne.

En s'occupant ainsi, la femme relève son sexe, sans pourtant oublier qu'elle est maîtresse de maison. Elle écrit, elle fait le bien; mais elle reste dans sa famille.

La femme se souviendra toujours que son premier soin doit être celui de son ménage.

Les peuples allemands, flamands et scandinaves sont ceux qui conservent le plus fidèlement les mœurs des siècles passés : ils élèvent leurs filles en vue du mariage. Nos mœurs les ont assurément influencés, surtout dans notre siècle, depuis que Napoléon I^er^ les a mis plus directement en contact avec nous. Mais la guerre désastreuse de 1870, qui nous a enlevé deux provinces, a été le prélude d'une lutte industrielle plus ruineuse encore pour notre pays; elle a été également la cause de la diminution de l'influence civilisatrice française sur ces peuples, et les mœurs allemandes ont repris de nouvelles forces.

Chez les Scandinaves et les Flamands la jeune fille apprenait le ménage rien qu'en aidant sa mère, il y avait une différence d'apprentissage entre la fille de la classe ouvrière et celle de la classe aisée, c'est-à-dire le ménage pour la première était l'instruction principale et, pour la dernière, simplement un accessoire auquel elle se livrait par choix comme à un complément utile de l'enseignement intellectuel et des beaux-arts. Chez les peuples allemands cette différence n'existait pas. Autant chez les riches et les gens haut placés que dans la petite bourgeoisie et la classe ouvrière, l'éducation ménagère était considérée comme la principale et toute mère de famille qui, par ses revenus, pouvait se le permettre, même celle qui appartenait à la meilleure noblesse, envoyait sa fille, avant l'âge du mariage, dans un hôtel, une ferme, ou une maison bourgeoise, pendant un an, pour s'y perfectionner dans l'art de diriger une maison. Mais les connaissances indispensables à une bonne ménagère et surtout à une bonne cuisinière — la cuisine allemande étant loin d'être parfaite — augmentaient et, grâce à l'initiative privée, des internats et des externats où s'enseignaient l'économie domestique et l'art de tenir un ménage, de faire la cuisine, furent ouverts par des dames à leur propre compte, par des congrégations (1) ou, le plus souvent, par des associations de femmes du monde (2) en vue de l'éducation des jeunes filles de leur classe sociale, et de la formation de domestiques.

Bientôt des écoles et des pensionnats poursuivant le même but s'ouvrirent pour les filles de la bourgeoisie.

L'enseignement ménager à l'école primaire a son origine dans l'instruction professionnelle qui, née à Paris, est aujourd'hui donnée dans tous les pays germaniques.

Lorsque la France s'aperçut de la déchéance générale des métiers, elle décida la fondation d'une école destinée à former des graveurs sur bois, des dessinateurs sur étoffes, des décorateurs, des charpentiers, etc. Tout enfant, sachant lire et écrire, et âgé de plus de neuf ans, était admis. En 1820, la première école professionnelle de notre siècle (3) fut ouverte.

---

(1) Les Ursulines, Franciscaines, Dominicaines, Borrhoméennes, Augustines.

(2) *Union berlinoise pour l'éducation du peuple*, sous la protection de l'impératrice-mère Frédéric, *Union Lette* (1,918 élèves en 1894; chiffre du budget, 48,000 marks).

Pour les filles de la campagne, des sociétés agricoles ont fondé des écoles pour enseigner l'art ménager, la cuisine bourgeoise et celle de la campagne, les travaux du jardinage, de la basse-cour, les industries de la laiterie, tout en leur laissant d'ailleurs ignorer les connaissances inutiles à une ménagère : Ecole de Herrenberg en Wurtemberg, Ecole de Rubersheim, Ecole de Schrozberg, etc.

(3) Dans l'ancien amphithéâtre Saint-Côme, rue de l'Ecole-de-Médecine. Il en sortait de 500 à 600 élèves par an, prêts à entrer dans les métiers.

L'Angleterre n'ouvrit son *Kensington Museum*, renfermant un musée des métiers et arts industriels, une école d'arts industriels, etc., qu'après avoir constaté les résultats produits par notre enseignement professionnel, à sa première Exposition universelle de 1851. L'Autriche ne suivit le bon exemple qu'en 1863, l'Allemagne en 1867, la Suisse en 1870.

Depuis, l'idée qu'il ne suffit pas de donner aux garçons l'instruction primaire et intellectuelle a fait de plus en plus son chemin, et — chose remarquable mais peu étonnante — s'est tout spécialement développée dans le plus petit état de l'Europe qui a eu du reste la sagesse de conserver intacte son ancienne division en cantons et de respecter leur autonomie et leur indépendance; nous voulons parler de la Suisse (1).

La femme, de son côté, réclamait aussi pour ses filles l'instruction professionnelle, et l'autorité, éclairée par les bons résultats que l'instruction méthodique avait produits chez les garçons pour leurs métiers, sur les jeunes filles du monde et de la bourgeoisie pour les soins du ménage, suivit l'exemple donné par les associations de dames au profit des élèves de ses écoles primaires.

---

(1) En 1891, l'État a subventionné 139 établissements d'instruction professionnelle avec 470,399 francs; les subsides des cantons, communes, corporations et particuliers se sont montés à 1,118,392 francs, et les autres dépenses de la Confédération en faveur de l'enseignement professionnel à 41,853 francs, faisant un ensemble de 1,210,644 francs.

Dans le programme d'enseignement, l'Etat introduisit des cours spéciaux pour les travaux à l'aiguille; il recommandait aux institutrices de traiter l'économie domestique dans leurs leçons quand le sujet s'y prêtait et d'enseigner surtout les branches des sciences applicables aux soins de la cuisine et du ménage.

L'Etat n'ouvrit pourtant pas d'écoles de cuisine spéciales et n'en subventionna aucune comme l'Angleterre (1) a fait depuis; il laissa ce soin aux municipalités. Plusieurs de celles-ci — et leur nombre augmenta de jour en jour — finirent par comprendre le préjudice causé à la femme par l'absence d'école culinaire, et démontrèrent en conseil leur nécessité absolue. Une des premières qui se rendirent à l'évidence fut celle de Cassel. La classe de ménage pour les élèves des écoles municipales, dans la maison de la *Frauenbildung-verein* (Union pour l'instruction de la femme), est devenue célèbre sous la direction de M^{lle} Augusta Förster, qui a donné le modèle des institutions de ce genre.

Les conseils municipaux purent se convaincre de l'impossibilité où se trouvaient les jeunes ouvrières de profiter des écoles de cuisine libres, destinées à celles qui ont déjà quitté l'école primaire, parce qu'elles vont presque toutes gagner leur vie dans les magasins et les usines aussitôt

---

(1) Annexes, page 281. *School Board Offices.*

après leur sortie de l'école. Ainsi la nécessité de réveiller en elles l'amour des occupations du ménage, avant leur sortie de l'école, pendant la dernière année scolaire, devint évidente.

L'opposition donnait toujours les trois mêmes raisons pour motiver son vote négatif, et cela surtout quand on proposait de rendre l'enseignement obligatoire. Son premier argument fut toujours que les filles de quatorze à quinze ans ne sont pas suffisamment développées pour se livrer aux occupations les plus importantes de l'école de cuisine. Le second, qu'elles sont encore trop jeunes pour avoir le désir de suivre cet enseignement. Enfin, qu'en tout cas le laps de temps qui sépare leur sortie de l'école de leur mariage est si long qu'elles oublient tout ce qu'elles ont appris.

Quant aux deux premières raisons, l'expérience montre que les élèves de la dernière année scolaire — à de rares exceptions près — aiment à faire et sont physiquement en état de faire les travaux de la cuisine.

Quant à la dernière, il en est de l'instruction culinaire comme de tout l'enseignement primaire. L'enseignement secondaire et universitaire peut former un élève pour une profession spéciale. Le rôle de l'enseignement primaire est de mettre les enfants à même d'aborder l'étude de l'enseignement supérieur ou d'apprendre un métier. Il est donc nécessairement préparatoire.

Il donne les connaissances premières qui forment la base de l'instruction future.

L'intelligence se développe et se fortifie par l'exercice mental, de la même manière que le corps par le travail physique. Plus l'enfant avance dans l'étude, plus il s'intéresse à l'enseignement. Sa puissance de comprendre augmente à mesure qu'il apprend la méthode de s'instruire, la manière d'acquérir de nouvelles connaissances.

C'est à l'école primaire que doit se former le caractère de l'enfant, c'est là qu'il doit recevoir les premières notions de la vertu, remplir son cœur d'admiration pour le bien et d'horreur pour le mal.

Le choix que l'enfant fera d'un métier ou d'une profession permettra de voir dans quelle direction, dans quelle science il se développera. Plus son occupation ou ses études seront une spécialité, plus les connaissances acquises en dehors seront oubliées. Un bottier, étant constamment assis, aura la force dans les bras et non dans les jambes; le contraire aura lieu pour le facteur, dont les jambes sont astreintes à un exercice ininterrompu. Quelqu'un peut être un avocat distingué, un médecin célèbre et en même temps ignorer l'astronomie ou la théologie. Le but de l'enseignement primaire est moins de faire acquérir une connaissance détaillée des sciences qu'une notion claire de la manière d'étudier et d'appliquer ses connaissances.

Il en est absolument de même dans l'enseignement culinaire et ménager. Il n'est pas nécessaire que l'élève se souvienne toute sa vie de toutes les recettes; elle les trouvera à volonté dans les livres qui traitent de ce sujet. Elle apprendra à préparer les mets d'après les recettes; elle acquerra des connaissances dans le choix des denrées et dans la composition d'une nourriture qui convient à l'état physique du consommateur et ne dépasse pas les dépenses possibles à la famille; l'utilisation des restes des repas lui sera enseignée, la manière de faire usage des ustensiles de ménage et de les tenir en bon état lui sera montrée. Ensuite l'amour pour l'ordre, la propreté, l'économie et les autres vertus domestiques seront réveillés et fortifiés par cet enseignement.

Cette instruction est en outre le complément de l'enseignement intellectuel. Elle donne l'occasion de le mettre en pratique, elle en fait aussi comprendre l'utilité et encourage par là l'élève à l'acquérir. Avantages appréciables surtout pour les jeunes filles de la dernière classe qui, souvent, attendent avec impatience le moment où elles quitteront l'école et croient quelquefois avoir une connaissance suffisante pour le reste de leur vie.

Il y a encore un autre vide que cet enseignement comble.

A l'école primaire, l'élève ne fait en général qu'apprendre par cœur et n'apprend pas à observer, à distinguer, à s'expliquer la raison de ses observations, le pourquoi de ses actions, c'est-à-dire qu'elle n'y apprend pas à voir, à juger.

Le genre d'enseignement et le grand nombre d'élèves réunies dans la même classe s'y opposent.

L'explication de la qualité des denrées, de la distinction des différentes espèces, de la composition des repas nutritifs et légers, la démonstration des travaux manuels et le nombre restreint de jeunes filles assistant en même temps à une leçon, permettent au contraire à l'institutrice d'y porter toute son attention.

Au sortir de l'école, l'élève peut se rendre au magasin pour s'occuper de vente ou dans l'atelier, la fabrique et se livrer à des travaux qui n'ont plus de rapport avec la cuisine ou le ménage ; elle peut oublier ce qu'elle a appris dans les livres ; mais l'ordre, la propreté régneront dans sa petite chambre et dans tout ce qu'elle fera. Lorsque, quatre ans, huit ans plus tard, elle aura à faire elle-même son ménage, elle se souviendra des leçons apprises à l'école. L'habitude de les appliquer fera d'elle en peu de temps une excellente ménagère.

Si l'habitude n'est pas tout dans la vie, elle tient cependant une place importante dans ce qui a rapport aux travaux manuels, qui demandent une grande dextérité de main. Elle ne saurait être prise trop tôt.

Persuadée de cette vérité, miss Huntington, de New-York, eut l'idée d'habituer les petits enfants pauvres à se rendre utiles à la maison. Elle leur achetait des ustensiles très petits comme sortant d'une boîte à jouets et, en dehors des heures de l'école publique, elle organisait des imitations de jeux frœbeliens, comprenant les principales occupations domestiques. Le succès de ce système a été si complet qu'il est de plus en plus appliqué en Amérique.

Nous avons vu plus haut qu'en Allemagne c'est la femme de la classe élevée qui tient à honneur d'être à la tête du mouvement pour répandre l'instruction et l'éducation méthodiques de la femme. Il en est de même dans tous les pays où l'enseignement culinaire et ménager s'est répandu.

La France seule fait exception.

C'est l'effet de notre défaut éternel.

Toutes les initiatives de l'esprit et du cœur germent dans notre pays, toutes les conceptions artistiques et intellectuelles dont les peuples germaniques savent si bien tirer parti prennent naissance dans nos cerveaux français. Mais nous sommes tellement routiniers que nous nous refusons à chercher l'application de nos idées, à moins que nous n'y soyons contraints par une autorité quelconque — surtout par celle de la mode — qui nous impose comme un devoir ou nous force à modifier nos habitudes. Une idée doit avoir été adoptée à l'étranger, avant de recevoir son application en France.

Comme ceux de l'instruction professionnelle, les avantages de l'enseignement ménager théorique ont été signalés pour la première fois en France (1).

(1) Les premières écoles allemandes où les jeunes filles apprennent, entre autres choses, les soins du ménage,

C'est à M^me^ Campan (1), la Parisienne intelligente, devenue célèbre sous le grand Empereur, qu'en revient l'honneur.

On s'accoutume, dit-elle, à la *prodigalité* comme à l'économie ; il est donc bien indispensable d'enseigner à une jeune fille la valeur et l'emploi de l'argent, avant de lui accorder assez de confiance pour la charger des dépenses de son entretien. Pendant une ou deux années, on doit lui faire additionner tous les mémoires de la dépense ; elle comptera et distribuera elle-même les sommes destinées à les acquitter.

Malheureusement, son idée n'a pas été développée chez nous ; pas même dans les écoles de la *Légion d'honneur*, où des jeunes filles, pourtant

---

sont : l'Ecole industrielle à Lubeck, fondée en 1797 ; l'Ecole libre d'Iéna, fondée en 1803 ; l'Ecole populaire de Kœnigsberg, fondée en 1826. Mais toutes les autres écoles allemandes où la science ménagère figure au programme d'études, ont été fondées dans la seconde moitié de notre siècle et ce n'est que dans les dernières années que l'attention s'est portée sur l'utilité de cet enseignement.

(1) Réduite à la pauvreté, M^me^ Campan (1752-1822), ouvrit une maison d'éducation à Saint-Germain où, parmi ses élèves, elle compta Hortense de Beauharnais, Eugénie de la Valette, les sœurs Bonaparte.

Lorsque Napoléon voulut donner une institutrice aux nombreuses orphelines de ses nombreuses guerres, ce fût M^me^ Campan qu'il choisit pour la direction de la maison d'Ecouen, dite des *Enfants de la Légion d'honneur*, et quand un jour il lui demanda ce qu'il fallait pour mieux élever des filles, on connaît sa belle réponse : « Des mères ! »

sans fortune, apprennent la broderie et d'autres travaux à la main, sans être sérieusement instruites dans l'art culinaire et ménager.

Si l'idée de M$^{me}$ Campan avait été sérieusement appliquée, au lieu d'un mouvement de recul, nous eussions fait un grand pas en avant. La vie de famille n'aurait point été compromise; elle existerait dans toute sa pureté et les résultats seraient sensibles. Notre population eut augmenté comme celle de l'Allemagne et nos forces nationales, à la fois productives et défensives, nous eussent assuré la prépondérance en Europe, malgré les bouleversements du siècle dernier, préludes certains d'une suite de gouvernements peu stables. En effet, la Grande Révolution, en démolissant d'un seul coup l'édifice de l'Etat, n'a pas eu conscience du temps qu'il avait fallu pour l'édifier, et encore bien moins de celui qu'il faudrait pour le reconstruire. Il faut reconnaître que ce renversement n'aurait pas eu lieu si les classes dirigeantes avaient étendu les droits du tiers état, à mesure qu'entrant plus en contact avec lui, elles le rendaient plus apte à l'accomplissement de ses devoirs civiques.

Un peuple doit être mûr pour profiter d'un genre de gouvernement meilleur que l'ancien. Il ne suffit pas que son esprit en saisisse la supériorité ni qu'il recueille le fruit des méditations de ses savants et de ses philosophes. Il faut que son caractère lui permette de se faire guider dans la vie journalière par le même principe qui forme le fond du nouveau gouvernement. Ce principe doit être la résultante des idées dans lesquelles le peuple a été élevé.

La modification du caractère à la suite du développement graduel de ces idées doit précéder la modification du gouvernement. La proclamation d'un mode de gouvernement, plus libéral que l'ancien, avant que le peuple y soit préparé, le jette brusquement dans une voie qui lui est absolument étrangère. Ne s'y reconnaissant pas, il revient en arrière vers le point où le développement de ses idées a été faussé. Le caractère d'un peuple ne peut changer par une révolution et celle-ci devient impossible si la classe inférieure a l'occasion de se civiliser par l'éducation et de se délivrer par l'instruction d'une tutelle, conséquence de son ignorance.

Au lendemain de la Révolution Française, le tiers état devient classe dirigeante. Il va de pair avec la noblesse. Mais voici qu'un quatrième état lève la tête et réclame la reconnaissance de ses droits comme citoyen et sa participation au bien-être général. La loi garantit ces droits, l'instruction le rend apte à en faire usage. L'absence d'éducation lui donne une idée erronée du bien-être; il ne comprend que le dehors, mais il sent cependant, sans pouvoir le définir, que quelque chose lui manque et il est mécontent.

De même qu'avant la Révolution le premier état a refusé d'élever le troisième, de même les états dirigeants depuis lors ont refusé, jusqu'à nos jours, d'élever le quatrième. Celui-ci, conscient de sa force numérique, à défaut de pouvoir s'élever, abaissera la classe supérieure jusqu'à lui, non par une révolution, mais par une grève générale. Cette grève se prépare lentement, mais sûrement. Elle sera d'autant plus douloureuse, que les différences entre les modes de vivre, de penser et de sentir sera plus grande entre les états.

Ici encore, la femme a une mission spéciale à remplir. C'est à son contact, c'est en s'inspirant de ses hautes idées, de son esprit de dévouement, de charité universelle, que les classes inférieures peuvent grandir. *Omnis gloria ab intus* (1), a dit le prophète royal. L'extérieur n'est rien; toute la perfection de l'homme doit venir de son intelligence et de son cœur.

En généralisant l'instruction, on a cru rapprocher les hommes. On s'est trompé. L'instruction a besoin d'être ennoblie par l'éducation. Elle seule fait disparaître les barrières qui séparent les classes sociales, élève les plus basses, sans abaisser les plus hautes.

Parmi les historiens célèbres qui se sont livrés à une étude approfondie du peuple romain, il en est qui croient retrouver chez nous les signes de la décadence de ce grand peuple et être autorisés à dire que nous marchons sur ses traces. Ils prétendent que le droit romain « système de l'égoïsme

---

(1) *Omnis gloria ejus filiæ regis ab intus*, ainsi parlait David dans un de ses transports prophétiques. Ps. XLIV.

discipliné » (1) qui affaiblissait Rome, en y faisant disparaître la classe moyenne et en rendant de plus en plus grande la distance entre le riche et le pauvre, est cause de cette ressemblance. Ce fait s'expliquerait par l'influence du droit romain sur les idées du libre-échange adoptées dans le mouvement commercial depuis que l'Écossais Adam Smith (1723-1799) (2) renversa les anciens systèmes économiques et proclama la liberté complète, si bien traduite par le *laisser faire, laisser passer*, de Gournay (1712-1759) (3).

Il n'est que trop visible que l'évolution dans l'État romain et celle de notre société européenne se ressemblent en beaucoup de points. Pourtant je ne crois pas que le droit romain en soit la seule cause. Il y a deux autres rapprochements à constater.

De même qu'à la fin du siècle dernier, avant leur suppression officielle, les corporations avaient perdu leur force et que l'ouvrier cherchait à se soustraire à leur domination : ainsi Rome avait vu s'affaiblir les siennes. Un rapprochement se fit sentir ensuite entre les deux classes sociales extrêmes : la classe dirigeante et la classe industrielle commencèrent à tendre l'une vers l'autre, mais ce

(1) Rudolf JHERING : *Geist des romischen Rechtes*, § 25.
(2) *Essays on political economy*.
(3) Partisan de l'école physiocrate. Il traduisit et commenta les *Traités sur le commerce et l'intérêt de l'argent* de Josias Child et de Thomas Culpeper (1754).

fut au détriment de la première. Celle-là, au lieu de garder sa position élevée, en descendit peu à peu faute de travailler au développement de ses forces intellectuelles et morales. Au lieu d'attirer le peuple à elle, de l'élever par son contact en le mettant à même de s'initier à son éducation civile et morale, elle perdit toute notion vraie de moralité, de vertu domestique civile et religieuse : *corruptio optimi pessima*. Elle s'abaissa au-dessous de l'autre classe, qui la supplanta avant de s'être initiée à sa culture.

L'une perdait la notion de ses droits et de ses devoirs ; l'autre prenait sa place avec une idée exagérée de ses droits et une ignorance presque complète de ses devoirs. Assurément la classe inférieure a le droit de grandir en importance sociale, mais elle n'a pas celui de négliger les obligations que lui impose l'état social existant. La classe élevée n'a point le droit d'abdiquer la direction de la civilisation. Pour la conserver, il est nécessaire qu'elle travaille au relèvement de ce qu'elle regarde comme inférieur. Une classe sociale, une nation, un peuple ne peuvent poursuivre leur existence s'ils n'ont pas la notion personnelle exacte et simultanée du droit et du devoir de l'individu.

L'homme peut faire des lois, créer des méthodes, indiquer les moyens de civilisation ; la femme, par sa douceur, son abnégation, sa patience, est plus apte à les appliquer avec succès.

Le passé et le présent le démontrent.

L'influence prépondérante des classes supérieures au moyen âge, la place élevée qu'elles tenaient dans la société, étaient dues principalement aux qualités que la femme y mettait en honneur.

C'est à la femme de la classe élevée qu'il appartient de donner l'éducation aux femmes des classes inférieures.

L'instruction peut s'obtenir par le travail personnel, qui ne dépend que de la volonté individuelle. Elle a besoin d'être ennoblie par l'éducation : celle-ci ne s'acquiert que sous l'influence de l'exemple.

Par le contact seul le peuple comprend la distance qui le sépare des classes plus élevées et, sans s'aigrir, il cherche à la franchir. Il voit que l'or et l'argent n'ont rien à faire avec la véritable éducation, avec la noblesse des sentiments, en un mot avec la perfection de l'homme.

Dans une école de ménage, la femme de la classe élevée peut former peu à peu la jeune fille du peuple, lui faire adopter ses idées et l'amener à partager ses sentiments. Plus tard cette jeune personne exercera une heureuse influence sur son mari et saura donner une éducation supérieure à ses enfants (1).

On peut tout espérer, tout attendre d'une école de ménage.

---

(1) Il est à remarquer que les enfants et même le mari d'une femme qui a longtemps servi dans une famille de la classe élevée se distinguent par un savoir-vivre au-dessus de celui des gens de leur condition.

La femme y apprend l'art de bien diriger sa maison et de rendre son intérieur si agréable que le mari ne le quitte qu'à regret et y revient avec joie. Le contact supérieur élève la femme et lui fait acquérir des qualités qui la font aimer.

D'ailleurs, l'enseignement culinaire et ménager ainsi compris est tout à l'avantage de la maîtresse de la classe dirigeante. Comment arrive-t-il qu'en Angleterre, en Amérique, en France, la maîtresse de maison et sa servante ne peuvent plus s'entendre, tandis que dans les autres pays elles continuent à se bien comprendre ?

Les connaissances ménagères rapprochent l'une de l'autre : la maîtresse et la servante ; et celle-ci reconnaît sans peine la supériorité de celle-là.

En France, les mesures prises par l'autorité et toutes les tentatives de ceux qui ont compris la haute importance de l'enseignement ménager et culinaire sont restées sans résultat, uniquement parce que l'exemple n'a pas été donné par la femme de la classe supérieure.

Toute idée propre à élever l'homme, ne fût-ce qu'en apparence, se répand toute seule, est saisie avec empressement et appliquée sans délai. Au contraire, tout ce qui rappelle à l'homme le « terre à terre » de ses obligations matérielles, tout ce qui semble l'enchaîner, arrêter ses aspirations, son envolée vers un monde plus élevé, est un recul.

L'être tend naturellement à la perfection de son espèce. Il n'y a donc qu'à diriger ses efforts, à lui

4

indiquer le but, à lui tracer la route pour l'atteindre. C'est à ceux qui sont arrivés à ce terme, de tendre la main à ceux qui doivent encore y parvenir.

MM. Fabre et Chaumeil (1) avaient déjà publié leurs livres quand, en 1882, l'enseignement de l'économie domestique fut officiellement reconnu comme nécessaire (2). Le programme porte la nomenclature : « Notions très simples d'économie « domestique et applications à la cuisine, — au « blanchissage et à l'entretien du linge, — à la « toilette, — aux soins du ménage, du jardin, de la « basse-cour. — Exercices pratiques à l'école et à « domicile ».

Il est éclairé comme il suit par les instructions qui l'accompagnent :

« Le travail manuel des filles, outre les ouvra- « ges de couture et de coupe, comporte un certain « nombre de leçons, de conseils, d'exercices au « moyen desquels la maîtresse se proposera non « pas de faire un cours régulier d'économie do- « mestique, mais d'inspirer aux jeunes filles, par « un grand nombre d'exemples pratiques, l'amour « de l'ordre, de leur faire acquérir les qualités « sérieuses de la femme de ménage et de les

---

(1) J.-H. Fabre, *le Ménage*, causerie d'Aurore avec ses nièces sur l'économie domestique. — Librairie Ch. Delagrave, Chaumeil, *Lectures alternées*.

(2) *Règlement d'organisation pédagogique pour les écoles primaires publiques du 27 juillet 1882.*

« mettre en garde contre les goûts frivoles ou « dangereux. »

Quant à ce qui concerne l'hygiène et la propreté, il est recommandé aux instituteurs et aux institutrices d'examiner les enfants à leur arrivée et à leur rentrée en classe, d'exiger d'eux une propreté absolue, de surveiller leurs jeux et de donner des conseils pratiques sur l'alimentation, le vêtement, la tenue du corps et des habits.

Ce programme a été fidèlement exécutés tant dans les écoles de l'État et des communes que dans les écoles libres, surtout en ce qui concerne les travaux à l'aiguille.

On a fait en France très peu encore pour l'enseignement culinaire, surtout si l'on considère qu'à Londres il y a actuellement 70 écoles de cuisine. A l'exception de l'école municipale de la rue Fondary, 20, fondée en 1881, qui répond si parfaitement au but qu'on s'est proposé, il ne semble pas qu'aucun effort ait été fait dans cette voie.

Depuis l'arrêté organique du 18 janvier 1887, de très excellents livres sur cet enseignement ont été publiés par M^lle Ernestine Wirth, M^me Valette et autres. Malheureusement on n'en a pas tenu assez compte. On ne pourra d'ailleurs réussir avant que l'autorité ait rendu l'instruction culinaire et ménagère obligatoire pour toutes les élèves des écoles primaires, officielles ou libres (1) et surtout tant

---

(1) Obligatoire déjà en Angleterre et en Ecosse, et bientôt en Belgique et en Hollande.

que la femme du monde n'aura pas donné l'exemple et mis cet enseignement « à la mode ». Comme je l'ai déjà dit, le succès des écoles de cuisine et des pensionnats de ménage, si florissants en Allemagne, en Suisse, en Autriche, en Hollande, est dû à ce que la mère de famille de la classe élevée prend à cœur l'éducation domestiques de ses filles.

Qu'en France la femme du monde fasse comme ses sœurs de l'étranger. Qu'elle prenne sous son patronage l'enseignement culinaire et ménager; qu'elle encourage sa fille à apprendre ce qui lui sera toujours utile dans la vie. En dehors des résultats que la jeune fille du monde en recueillera pour elle-même et qui lui seront précieux quand elle devra diriger son propre ménage, elle aura la satisfaction d'avoir contribué au relèvement de sa patrie. Si l'ouvrier, ou l'employé peut trouver une jeune fille sachant tout faire elle-même dans son intérieur, rendre les repas appétissants sans dépasser par ses dépenses les revenus de son mari, il l'épousera de préférence à celle qui, en lui apportant une petite dot ou en gagnant comme lui une certaine somme par un travail au dehors, négligerait son foyer. Leurs efforts combinés n'empêcheraient pas le ménage de courir à la ruine.

Elle reconstruira ainsi la vie de famille, fondement de l'Etat. Le mari ne quitte pas volontiers la maison, où l'ordre lui assure un bien être, un bonheur qu'il chercherait inutilement au dehors.

Que nos jeunes demoiselles ne craignent pas de s'abaisser. Je ne leur propose pas du reste de devenir des cuisinières et des femmes de chambre.

Qu'elles ne craignent pas d'altérer la blancheur de leurs mains. Je ne leur demande pas de cirer le parquet, de laver la vaisselle, de nettoyer les casseroles, de mettre du charbon dans le fourneau. Il leur suffira de savoir comment ces choses doivent se faire pour connaître de quelle manière leur servante s'en acquitte et pour la guider quand cela sera nécessaire.

Ce que je leur demande c'est de savoir utiliser leurs yeux afin de pouvoir se rendre compte de tout; de savoir tenir la comptabilité du ménage, de savoir faire comprendre leurs désirs, qui doivent être dans l'ordre de choses réalisable. On n'est obéi que si l'on demande ce qui est faisable, on ne peut commander que si l'on sait expliquer et montrer la manière de faire, on ne peut surveiller qu'en voyant ce qui se fait, on ne peut éviter la prodigalité qu'en s'accoutumant à l'économie par le calcul.

En résumé je ne leur demande que d'apprendre à bien gérer une maison, ce qui signifie savoir régler les dépenses d'après les revenus, payer suivant la valeur réelle, juger soi-même ses domestiques sans avoir à se fier à leurs paroles et à leurs certificats, être à même de les faire travailler sans travailler soi-même et sans être injuste, tout cela sans consacrer aux soins du ménage plus de deux ou trois heures par jour, avant le second déjeuner, car l'après-midi et la soirée appartiennent à la société, aux amies, au mari, aux enfants, aux études intellectuelles, à l'accomplissement des devoirs religieux.

Le temps nécessaire à cet apprentissage est insignifiant. En assistant régulièrement à un cours de ménage pendant six mois, la jeune fille acquiert des notions suffisantes de l'art culinaire.

Pourtant celle qui comprend tout ce qui est indispensable à la maîtresse d'une grande maison, ne peut s'en contenter. Avant d'entrer dans le monde et de prendre la direction d'un ménage, il lui serait avantageux, après avoir terminé ses études, de passer un an dans un pensionnat où, avec la tenue du ménage, elle pourrait achever d'apprendre ce qui n'est pas moins nécessaire à la femme du monde, savoir : principes de religion, hygiène, cuisine diététique, maintien et savoir-vivre, esthétique, dessin, diction, lecture, conversation, composition, littérature classique et moderne, langues étrangères par des professeurs indigènes. Vu le rôle de plus en plus important que la femme aura à accomplir dans la vie moderne, son droit plus étendu de disposer de sa fortune à son gré et sa responsabilité grandissante devant la loi, il lui sera aussi enseigné la comptabilité en partie double, les différentes opérations de maisons de finance et de commerce, la manière de lire un bilan, les principes du Code dont la connaissance est utile à la femme.

Je sais qu'une instruction aussi complète n'existe

dans aucun pensionnat. Elle me paraît cependant indispensable si je considère l'admiration de l'homme instruit pour la femme qui sait joindre les connaissances intellectuelles, le jugement sain, le goût pour les arts, le sentiment noble, la pensée élevée, au savoir-vivre et à la capacité de tenir sa maison. Une femme aussi accomplie n'a pas à craindre le qualificatif de « bas bleu », de « femme savante », de « précieuse ridicule ».

Pour se sentir heureux, il faut se comparer à ceux qui le sont moins ; pour se stimuler dans ses études il faut se comparer à ceux qui sont plus érudits.

En outre, la force d'entraînement de la femme et sa grande influence sur l'homme sont hors de doute.

Quant au choix d'un pensionnat, celui où les principes de la religion sont en honneur me paraît le meilleur. La femme, la mère surtout, rencontre dans la vie tant de difficultés et de déceptions que pour les surmonter il lui faut la force et la consolation que seule la religion peut donner.

Je termine ici mon plaidoyer.

Que les dames de la société française qui approuvent mes lignes, veuillent bien unir leurs efforts pour la mise en pratique des idées qui y sont exprimées. Que, sans tarder, elles fondent une association semblable à celles qui existent déjà en Suisse, en Hollande, en Autriche dans un but d'amendement social.

Le salut de la France est entre leurs mains.

Sans jamais se lasser, elles consacrent déjà leur temps à de bonnes œuvres qui exigent le concours de beaucoup d'argent. Que cette fois elles s'unissent et prêtent de leur expérience, de leur savoir, et de leur action à une œuvre qui demande bien peu de débours (1). Je démontrerai, quand le moment sera venu, que les écoles de cuisine et les pensionnats de ménage peuvent exister par leurs propres ressources. Si des subsides sont nécessaires, ils ne peuvent atteindre un chiffre élevé.

Au cas où quelques dames douteraient de l'efficacité de l'œuvre à fonder, elles pourraient aider un pensionnat en renom, existant déjà, à faire dans le sens indiqué, et pendant un hiver, l'éducation d'une douzaine de jeunes filles. L'heureux effet en serait ainsi démontré et, le succès étant certain, je puis assurer que les frais leur seraient bientôt remboursés par le pensionnat. Si la France ne fournissait pas de suite un nombre suffisant d'élèves payantes, l'étranger les donnerait. Des centaines de familles allemandes, qui envoient actuellement leurs filles en Belgique pour apprendre le français et des milliers de familles d'autres pays qui mettent leurs enfants dans des pensionnats allemands, préféreraient de beaucoup ceux de la

---

(1) La cotisation annuelle du *Lette-Verein* est de 3 marks; celle du *Schweizerischen Gemeinnutzigen Frauenverein* de 3 francs, dont 20 centimes pour la caisse centrale de l'Union.

France. Les élèves y apprendraient, en même temps que l'art culinaire et la science ménagère, la bonne prononciation de la langue, l'élégance, la politesse, le savoir-vivre et le goût aristocratique de la race française.

J'ai cité les Anglaises, qui, par leurs efforts pour relever leur sexe, contribuent à la prospérité de leur pays. Le *National Training School of Cookery*, fondé en 1873, à Londres, *Exhibition Road South Kensington*, et transféré depuis à *Buckingham Palace Road*, est sous le patronage de Son Altesse Royale le prince de Galles, K. G. (1):

*Président :* Le duc de Westminster, K. G.
*Comité exécutif, Président :* Honorable E. F. Leveson-Gower.
— *Vice-Président* et *trésorier :* le baron Sir Daniel Cooper, G. C. M. G.
*Membres :* Le duc d'Abercorn, K. G. C. B.
— Jame Bateman, F. R. S.
— Le duc de Beaufort, K. G.
— W. Burdet-Coutts, M. P.
— A. W. Fitz Roy.
— Honorable Edward Lyalph Stanley.
— Colonel, Honorable Sir Patrick Talbot, K. C. B.
— Capitaine, Honorable John Manners Yorke, K. N.

(1) *K. G.* = Knight of the Garter (premier ordre de chevalerie anglaise); G. C. M. G. = Grand Commander of the Garter; C. B. = Commander of the Bath; *K. C. B.* = Knight Commander of the Bath; G. C. B. = Grand Commander of the Bath; F. R. S. = Fellow of the Royal Society (membre de l'Institut); M. P. = Member of Parliament (député); R. N. = Royal Navy (officier de marine).

*Membre :* Lord Lock, G. C. B., G. C. M. G.
*Banquiers : The London Westinster Bank.*
*Directrice :* Mme Charles Clarke.
*Secrétaire :* Mme Foy.
*Vice-Secrétaire :* Mlle Ashford.
*Comptable :* M. James Richards.
*Professeur sur la méthode, la science et la pédagogie :* Mme Wilson.
*Inspecteur et conseiller-chef de cuisine :* M. C. Herman.
*Corps enseignant :* Mme Wilson, assistée d'une douzaine de demoiselles.

En Allemagne l'Impératrice-Mère Frédéric a pris sous son patronage l'*Union berlinoise pour l'éducation du peuple :*

*Président :* M. Reichardt, conseiller de légation, directeur au ministère des Affaires étrangères ;
*Vice-Président :* M. Eberty, conseiller municipal.
*Trésorier :* Le docteur Darmstaedter.
Les fondations de cette Union : *Pestalozzi-Froebel-Haus, Victoria-Mädchenheim* et École de cuisine, sont dirigées par des dames,

et l'*Union Lette*, qui poursuit la protection de la femme contre les préjugés moraux ou professionnels :

*Présidente :* Mme Anne Schepeler Lette, fondatrice.
*Vice-Président :* M. Hecker, conseiller à la Cour de cassation.
*Secrétaire :* Mme Kaselowsky, femme du professeur de ce nom.
*Trésorier :* M. Julius Model.
Parmi les membres, je relève les noms de :
La baronne de Wrangel, les comtesses de Schuilenburg, de Henkel-Donnersmark, de Kalkreuth, de Pourtalès, les princesses de Biron-Curland, de Hatzfeld, de Metchersky, la duchesse de Ratibor, la sœur Bartholdy, les ministres de Lucius, de Schleinitz, etc., etc.

Le chancelier de l'Empire est le curateur du *Victoria-Stift*, dirigé par le *Lette-Verein;* la protectrice de l'Union, l'Impératrice-Mère, désigne les élèves bénéficiant des premières places.

Je crois superflu de citer les personnalités du monde dans les autres pays. Nous parlerons plus tard de ce qu'elles ont déjà fait pour le bien de l'humanité et pour la grandeur de leur patrie. J'ose espérer qu'à ce moment je pourrai citer avec fierté les noms des dames françaises qui auront rendu à la France l'inappréciable service dont le besoin se fait impérieusement sentir.

J'ai même la douce conviction qu'avant peu toutes les lèvres prononceront avec enthousiasme le nom de la noble française qui aura réuni autour d'elle ses meilleures amies pour fonder et prendre sous son patronage la grande association humanitaire essentiellement française. Toutes nos dames, qui aiment vraiment leur patrie, tous les Français qui reconnaissent les qualités intellectuelles et morales de la femme, répondront à l'appel de la fondatrice.

Elle permettra aux hommes de donner leur concours comme membres libres ou honoraires.

Elle invitera les dames à former, dans leurs communes respectives, des sections qui travailleront en toute indépendance à l'exécution des idées de l'œuvre.

*La sagesse exige,*
*ce que la vie demande.*

Voilà la sentence inscrite sur la couverture de ce volume.

La vie de la France demande la vie de famille.

Par ses vertus comme éducatrice, civilisatrice et régénératrice, la femme est le régénérateur par excellence.

Elle seule dispose de la vie de famille.

Son perfectionnement c'est le salut de la France.

B. DE KENENBURGH.

Paris, 20 décembre 1897.

## II

Il y a un an que j'écrivais les lignes précédentes. Depuis lors il s'est produit en France un mouvement marqué dans le sens que j'ai indiqué et qui va en s'accentuant tous les jours. A plusieurs reprises, j'ai reçu des extraits de journaux où la vie de famille et l'enseignement ménager étaient prônés. Certains pensionnats ont même créé des cours de cuisine (1).

C'est un commencement louable qui me donne

(1) Mme Rey, s'inspirant de ces idées, a ouvert dernièrement, dans son institution d'Auteuil, des cours de cuisine pour les jeunes filles ayant terminé leurs études. Cette expérience mérite d'autant plus d'être signalée que Mme Rey possède, pour tout ce qui touche à l'éducation et à l'instruction des jeunes filles, une compétence acquise par soixante années vouées à l'enseignement.

confiance et m'encourage à poursuivre la réalisation de l'œuvre conçue.

Je ne saurais pourtant mettre mes lecteurs trop en garde contre une confusion facile. Je ne préconise pas l'enseignement culinaire en vue de faire de toutes nos filles de parfaites cuisinières. L'*art culinaire* en lui-même est simple. La connaissance de quelques plats fondamentaux et le goût de la cuisine suffisent pour arriver rapidement à être à même de préparer tout un dîner. J'irais même plus loin et je verrais dans ces occupations exclusives un danger pour la femme, qui ne pourrait poursuivre son développement intellectuel et moral et négligerait les devoirs qui lui incombent comme épouse, comme mère et comme éducatrice. Ce que nous poursuivons, c'est l'enseignement *de la science ménagère* en vue de faire de la jeune fille une bonne maîtresse de maison, une vraie mère de famille.

Le sort d'une nation dépend directement de la conservation de la vie familiale. L'éducation rend la femme capable d'assurer le bonheur au foyer domestique; l'intelligence et le jugement lui permettent d'y faire régner l'union; enfin, l'instruction la met à même d'acquérir le bien-être. L'enseignement ménager est pour la femme la synthèse de ses études intellectuelles et morales. De plus, par son utilité pratique, il est pour la jeune fille ce que l'apprentissage est pour le jeune homme.

Que nos jeunes filles du monde s'attachent donc à mettre l'enseignement ménager *à la mode*.

Sans leur noble exemple, les filles du peuple ne sauraient s'y intéresser. Le fait est constant et prouvé par mille exemples. C'est ainsi qu'à Hermannstadt (Hongrie) les cours de ménage ouverts pour les femmes du peuple sont restés déserts pendant plus de deux ans, c'est-à-dire jusqu'au moment où les demoiselles de la société se décidèrent à les fréquenter.

Je l'ai dit dès la première heure : « L'exemple du devoir doit venir d'en haut. »

Je sais bien que les jeunes filles élevées dans leur famille ont été initiées de bonne heure à la direction d'une maison; c'est surtout vrai pour celles qui habitent la province. Je n'en reste pas moins convaincu que leurs mères prévoyantes auront à cœur de leur faire compléter leur éducation en ce sens. D'autre part, je n'ignore pas que les dames et les demoiselles de France ne laissent échapper aucune occasion de pratiquer la charité, et je suis certain que le même sentiment qui les pousse à faire l'aumône les déterminera à s'instruire dans les travaux domestiques Elles sont trop parfaites chrétiennes pour que je doute de leur bon vouloir; d'ailleurs leur intelligence est trop grande pour qu'elles ne comprennent pas toute la sagesse de cet axiome : « *Donne au pauvre une aumône, tu l'aides à demi; montre-lui comment il peut s'aider lui-même, tu l'aides entièrement.* »

Cette instruction ménagère est indispensable à l'œuvre dont nous proposons la fondation aux mères françaises. Le but de l'*Union Française des Mères de Famille* ne saurait être atteint sans elle; car, seule, elle peut mettre en contact les différentes classes sociales, élever et ennoblir les sentiments populaires et porter ainsi remède à l'affaissement moral dont souffre le pays.

Pour mener à bonne fin cette généreuse tâche, les mères ont besoin du concours de leurs filles.

Tandis que la maman ouvrira les écoles, fondera les institutions et s'attachera spécialement à inculquer les vrais principes à la femme mariée, l'enfant, de son côté, s'occupera des jeunes filles du peuple du même âge qu'elle; et c'est ainsi que, combinant leurs efforts, filles et mères travailleront dans un magnifique esprit de solidarité à la régénération du pays.

De ces deux missions, quelle est la plus noble?

Elles sont également élevées, et cependant celle qui incombe à la jeune fille me paraît plus grande parce que son action étant plus directe est par cela même plus efficace.

Il appartient aux mères de rechercher le remède au mal social que nous avons signalé et d'en conseiller l'application.

Les conférences les plus savantes, les discours les plus éloquents sont impuissants par eux-mêmes à créer un mouvement; ils ne peuvent que précipiter l'allure quand l'impulsion première a été donnée. Cette impulsion première, la jeune fille seule peut la donner.

Son rôle du reste ne se bornera pas là. Il ne lui

suffira pas d'avoir prêché d'exemple. Quand ses connaissances des choses du ménage seront complètes, d'élève elle deviendra professeur et elle instruira elle-même ses sœurs des autres classes sociales. L'ennoblissement des sentiments, l'élargissement des idées et aussi une éducation plus élevée des masses populaires seront les précieux résultats qui découleront du contact de la femme supérieure avec la jeune fille du peuple. Par des conversations familières; par des discussions habilement provoquées, la femme du monde se mettra au courant des questions qui intéressent le plus les mères et les enfants. Elle ne pourra pas lutter directement contre les utopies de certains économistes modernes (1); mais elle en atténuera les dangereux effets en faisant reconnaître les progrès déjà accomplis et en indiquant les réformes

---

(1) Edward Bellamy donne dans son livre, *Egalité pour tous*, un revenu de 4,000 dollars à tout citoyen de son futur Etat, quelque fonction qu'il remplisse. Avec lui William Maris est le plus grand utopiste contemporain. Au fond ils ne font que représenter sous une forme nouvelle les théories de Fournier « l'*Arioste des Utopistes* », de Thomas Campanella (*Cité du Soleil*), de François Bacon (*Nova Atlantis*), et de Thomas More (*De optima reipublicæ statu, deque nova insula utopia*), qui s'étaient eux-mêmes inspirés de *la République*, de Platon.

En réalité, tous ces rêves ne sont que de mordantes satires contre les vices de la société. Il n'en est pas moins vrai que la perspective de l'avenir, dans lequel les différences d'aptitude et d'aspiration n'empêcheront pas l'égalité de régner entre tous, est capable d'élever l'esprit et de faire naître l'espérance.

qui sont d'ores et déjà réalisables et en vue desquelles tous les efforts doivent être combinés.

Certes, la tâche est délicate et demandera de la part de nos filles beaucoup de tact et beaucoup d'esprit; mais c'est avec confiance que nous la leur verrons assumer, dans la conviction où nous sommes qu'elles réaliseront toutes les espérances que nous fondons sur elles. Leur tracer une ligne de conduite en pareille matière est chose impossible. Nous ne pouvons que leur indiquer le vaste champ d'action qui s'ouvre devant tous les membres de l'*Union*, nous confiant à leur bon sens et à leur bon cœur pour hâter dans toute la mesure du possible la réalisation de nos vœux.

L'*Union Française des Mères de Famille* (1) a pour but de faire disparaître une des causes — sinon la cause principale — des maux dont nous souffrons : « le retard de l'éducation sur l'instruction ». L'homme a rendu l'instruction accessible à tous; c'est à la femme qu'il appartient de faire pénétrer l'éducation dans toutes les classes de la société. Dans ce but, l'*Union Française* mettra à sa disposition tous les moyens propres à lui faciliter l'accomplissement de ce devoir.

Elle fera voter des lois pour protéger la maternité.

Elle fera accorder des secours à toutes les mères qui élèvent leurs enfants elles-mêmes.

---

(1) Cette appellation nous paraît être celle qui répond le mieux au but de l'œuvre.

Elle visitera les femmes accouchées auxquelles elle pourra être utile en assurant la bonne tenue de leur ménage ou même de leur commerce.

Elle obtiendra pour la femme le droit de réclamer au père de son enfant de justes dommages et intérêts pour rupture de promesse de mariage et pour subvenir aux frais d'éducation; — de prélever directement une part du salaire ou des appointements de l'époux; — de disposer de sa propre épargne.

Elle combattra le néo-malthusianisme.

Elle s'élèvera contre l'exploitation de l'enfance sous quelque forme qu'elle se présente et elle signalera à l'autorité compétente ou aux sociétés créées dans le but de veiller sur la jeunesse les enfants délaissés ou moralement abandonnés (1).

Elle combattra l'alcoolisme.

Elle fondera des *cercles populaires*, vraies *maisons du peuple* où l'on fera des réunions et des causeries familières et où seront recueillis, en même temps que les ouvriers et les ouvrières, les soldats qui ne savent que faire de leur dimanche.

Elle fondera à l'usage des dames et des demoiselles des *maisons de retraites* et des *pensions de famille* (hôtels-restaurants) dans lesquels le service sera assuré par des jeunes filles formées sous

---

(1) Loi du 24 juillet 1889 sur la *Protection des enfants maltraités ou moralement abandonnés.*

une direction intelligente aux métiers de cuisinière, femme de chambre, lingère.

Elle ouvrira des *maisons de repos* pour *institutrices convalescentes* et des *foyers* pour les ouvriers (*workmen-home*) et pour les ouvrières (*women-home*) où le service sera fait par des jeunes filles désireuses d'apprendre les travaux du ménage et la cuisine courante.

Elle encouragera la formation de *sociétés coopératives ouvrières*, et elle développera les *associations de mutualité*.

Elle recommandera la formation de la jeune fille en vue du mariage.

Elle fera remplacer les dots par des rentes annuelles.

Le gendre se distinguant par son travail et son intelligence sera préféré à celui qui ne vivra que de ses rentes ; la belle-fille ayant le goût de la vie de famille et possédant des qualités intellectuelles et morales sera plus appréciée que celle qui n'apportera que sa fortune.

Elle désapprouvera les mariages entre personnes d'une trop grande différence d'âge.

Elle insistera pour que les emplois de l'État et les places dans les maisons de commerce et d'industrie soient données de préférence aux personnes mariées ; les plus rémunérées étant réservées à celles qui ont les plus lourdes charges de famille.

Elle emploiera tous les moyens propres à attirer l'étranger et à le rendre français.

Elle ouvrira des cours de cuisine qui auront lieu

dans la journée et le soir. Elle fondera des écoles normales pour l'enseignement de la science ménagère.

Elle s'occupera de placer les domestiques qu'elle aura formées, et elle restera en rapport avec elles si leur conduite est irréprochable.

Elle ouvrira des établissements où la fille de la campagne apprendra le ménage, la cuisine bourgeoise, le jardinage et les travaux de la ferme.

Elle fondera pour la fille des champs, comme pour la jeune fille de la ville, des écoles où l'enseignement culinaire et ménager, les ouvrages à l'aiguille, le massage, les travaux essentiels de la ferme seront enseignés concurremment avec l'instruction théorique sur les soins à donner aux blessés et aux malades (1).

Elle créera des cours de cuisine pour les soldats qui, au régiment, sont chargés de la cuisine, sans avoir jamais été cuisiniers de profession (2).

Elle demandera que l'enseignement culinaire soit obligatoire dans le cours de la dernière année passée à l'école primaire

Elle fera appliquer, dans les écoles enfantines, le système Frœbel à l'enseignement ménager.

Elle recommandera aux jeunes filles, qui ont terminé leurs études, un séjour de six mois à un

(1) Annexes, page 299. L'enseignement culinaire et gardes-malades.

(2) Annexes, page 303. L'enseignement culinaire et l'armée.

an, dans un pensionnat où, avec la tenue du ménage, elles compléteront l'éducation et l'instruction indispensables à toute maîtresse de maison.

Elle condamnera l'internat et conseillera l'éducation dans la famille et l'instruction au cours.

Elle recommandera aux parents, dans le cas où l'externat serait trop éloigné de la maison paternelle, de placer leurs enfants dans des familles offrant toutes garanties morales.

Elle ouvrira, dans ce but, des *maisons maternelles*, à proximité des externats (1).

Elle encouragera les voyages de vacances à l'étranger, pour les jeunes gens âgés de seize ans au moins qui, en principe, ne devront pas être accompagnés.

Elle conseillera aux chambres de commerce qui ont fondé des écoles de commerce en France, d'ouvrir de semblables écoles (externats) à l'étranger (2).

Elle réclamera, pour la jeune fille, l'instruction secondaire et supérieure semblable à celle donnée au jeune homme.

Elle stimulera la femme à développer ses facultés intellectuelles et morales en vue d'améliorer la vie de famille et d'une façon générale le sort de la femme, en s'appliquant à vulgariser le résultat de ses études scientifiques qui lui paraîtront pouvoir être d'une application pratique.

---

(1) Annexes, page 307. Maisons maternelles.
(2) Annexes, page 309. Ecoles de commerce.

Elle détournera la femme des professions libérales qui, trop souvent, l'empêchent de prendre à cœur les intérêts de son ménage.

Elle recommandera les métiers que la femme peut exercer à domicile et elle lui fournira l'occasion de les apprendre.

Elle protégera la femme contre les préjugés sociaux et moraux qui l'entravent dans l'exercice de certaines professions et elle recherchera les moyens de lui assurer un salaire en rapport avec le travail fourni et la valeur intrinsèque de l'œuvre.

Elle fera au besoin, aux jeunes filles sortant de ses écoles avec un bon certificat, l'avance des sommes nécessaires pour l'acquisition de leurs instruments de travail ou pour leur établissement, par mariage ou autrement.

Elle se chargera de l'exposition et de la vente des divers objets confectionnés par les membres de l'*Union*, vente dont le produit leur sera intégralement versé, sauf retenue de 1 0/0 destinée à couvrir les frais. Elle recevra également de toute personne, membre ou non de l'*Union*, des commandes qui seront exécutées par ses soins (1).

Elle fera reconnaître, comme une obligation pour la jeunesse, l'apprentissage d'un métier et l'obtention d'un diplôme final.

Elle poursuivra l'amendement de l'instruction

(1) Cela existe déjà en Autriche et en Hollande.

en vue de développer l'intelligence en proportion de l'érudition.

Elle exigera que tout professeur, sans exception, possède un brevet de capacité délivré par l'État.

Elle fera valoir les avantages que présente l'enseignement des langues étrangères et de leur littérature donné par des professeurs du pays qui seront, du reste, astreints à subir en France un examen destiné à reconnaître leur capacité spéciale.

Elle provoquera la création du *livret scolaire*, délivré à la fin des études secondaires et dans lequel sera mentionné le degré d'instruction de l'élève dans chaque branche de l'enseignement.

Elle signalera les graves dangers que les bibliothèques publiques et populaires — d'ailleurs si mal comprises au point de vue de l'hygiène — font courir aux jeunes gens qui y trouvent un moyen facile de s'adonner à la lecture d'ouvrages immoraux. Elle réclamera la fondation de *bibliothèques de la jeunesse* ou, tout au moins, la création dans les bibliothèques déjà existantes d'une section soigneusement composée et réservée aux jeunes gens de quinze à vingt et un ans.

Elle encouragera les réunions faites par des personnes animées d'un même désir d'étude en vue de fonder de petites sociétés de lecture pour l'achat de livres, revues, journaux qui deviendront leur propriété commune et dont chacune d'elles pourra jouir aux conditions déterminées par un règlement.

Elle fera fixer par la loi le mode de construction et d'appropriation des écoles publiques ou libres et elle poursuivra la désaffectation des établissements dont la construction vicieuse ne serait pas conforme aux règles prescrites.

Elle établira, comme règle absolue, la désinfection des appartements à chaque changement de locataire et aux frais du propriétaire.

On trouvera ci-après les statuts et règlements intérieurs qui pourront guider les travaux de l'*Union Française des Mères de Famille.*

Ils sont basés sur ceux des associations suisses et hollandaises. En les rédigeant je me suis efforcé cependant de tenir compte, dans toute la mesure du possible, des expériences faites dans les différents pays, en matière d'enseignement ménager.

B. DE KENENBURGH.

Paris, le 26 février 1899.

# UNION FRANÇAISE DES MÈRES DE FAMILLE

## STATUTS GÉNÉRAUX

(PROJET)

### But et travaux de l'Association.

Article premier. — L'*Union Française des Mères de Famille* est une association humanitaire, fondée dans le but de soutenir la femme dans l'accomplissement de ses devoirs et dans l'exercice de ses droits. A cet effet elle poursuit le développement intellectuel et moral des diverses classes sociales, en exerçant son influence sur l'éducation et l'instruction, sur l'ennoblissement des sentiments populaires, sur le relèvement de la force de production de la France et sur l'amendement de la vie de famille. Elle provoque également le vote des lois indispensables à la femme pour l'éducation de l'enfance et de la jeunesse.

Son siège est à Paris.

Art. 2. — L'*Union Française* agit soit directement, soit indirectement par ses sections.

Les principaux moyens d'action directs sont :

*a*). L'organisation de conférences et de cours — tournées d'enseignement pour encourager la création de sections, soit pour le compte de l'*Union*, soit pour celui des particuliers ou d'autres associations, qui s'adressent à l'*Union*, en vue d'obtenir un conférencier ou un professeur;

*b*). L'organisation d'expositions centrales, l'ouverture de marchés destinés à faire connaître et à vendre les produits des élèves des écoles et des membres de l'*Union*;

*c*). La création d'une Bibliothèque centrale, ouverte à tous les membres de l'*Union* sur justification de leur qualité. Le prêt des livres est autorisé à titre exceptionnel;

*d*). La fondation, pour chacune des branches de l'enseignement donné dans les sections, d'un prix unique, attribué à la plus digne des trois meilleures élèves de toutes les sections;

*e*). La publication d'un Bulletin, de mémoires et d'autres documents relatifs au but et au progrès de l'œuvre. — Tous les membres de l'*Union* reçoivent gratuitement le Bulletin.

Art. 3. — La comptabilité de l'*Union* est tenue par année, du 1er Janvier au 31 Décembre.

## II

### MEMBRES DE L'« UNION »

Art. 4. — Sous la réserve des dispositions de l'article 8, l'*Union Française* se compose de :

Membres fondateurs ;

Membres actifs ou titulaires ;

Membres libres ou honoraires ;

Membres d'honneur.

Art. 5. — Toute personne désirant faire partie de l'*Union* ou de l'une de ses sections adresse sa demande à la présidente de la section de sa résidence. S'il n'existe pas de section au lieu de son domicile, la demande est adressée au Secrétariat général.

La demande est soumise au Conseil à sa prochaine réunion. La nomination est discutée et votée dans la séance suivante.

Art. 6. — Pour devenir membre de l'*Union*, il faut être présenté par deux sociétaires (1) et réunir

---

(1) Il suffit d'adresser la demande à *M<sup>me</sup> la Secrétaire générale de l'Union française des Mères de Famille, à Paris*, ou à *M<sup>me</sup> la Présidente de l'Union française des Mères de Famille*, section de ***.

Ces dames désignent, si c'est nécessaire, deux parrains ou marraines.

au moins les trois quarts des suffrages des membres présents à la réunion où sera discutée sa nomination. Les mineurs ne peuvent faire partie de l'*Union* sans le consentement de leurs parents ou tuteurs.

L'admission ou l'élimination d'un membre quelconque de l'*Union* ne peuvent jamais être justifiées par ses convictions religieuses ou ses tendances politiques.

Art. 7. — Portent le titre de *Membre fondateur :*

*a*). Tous les membres ayant fait partie du premier Conseil élu lors de la fondation de l'*Union;*

*b*). Les anciennes Présidentes de l'*Union ;*

c). Les personnes qui contribuent à la prospérité de l'*Union* par un versement à la Caisse centrale de 500 francs au moins, effectué en une ou en cinq annuités successives de 100 francs l'une ; ces sociétaires n'ont à payer aucune cotisation. Par la continuation de marques d'intérêt à l'*Union*, ils pourront, sur un vote conforme de l'Assemblée des Déléguées, recevoir le titre de *Membre d'honneur.*

Art. 8. — Portent le titre de *Membre actif ou titulaire* les dames inscrites dans une section et payant la cotisation annuelle fixée par les statuts de leur section.

Les unions ou associations, déjà légalement fondées, qui désirent faire partie d'une section, y sont admises aux conditions ordinaires et à charge par leurs trésoriers d'acquitter directement la cotisation multipliée par le nombre des membres de leur bureau. Ces unions ou associations sont représentées aux assemblées générales de leurs sections par leur Président ou Présidente.

Art. 9. — Portent le titre de *Membre libre ou honoraire*, toutes les personnes qui, sans être inscrites dans une section, veulent concourir à la prospérité de l'*Union*; elles paient une cotisation annuelle de dix francs, payable à la Caisse centrale de Paris.

Art. 10. — Portent le titre de *Membre d'honneur*, les personnes qui ont rendu de grands services à l'*Union*. Leur nomination se fait par l'Assemblée des Déléguées, sur recommandation du Conseil central — ou de son Bureau — qui reçoit des propositions à cet effet. Elles ont accès, avec voix consultative, au sein du Conseil central ou du comité sectionnal de leur domicile. Elles sont dispensées du paiement de la cotisation et reçoivent de l'*Union* toutes les publications, ainsi que celles déjà parues, si possible. Leurs noms figurent perpétuellement en tête des listes alphabétiques des membres de l'*Union*.

Art. 11. — La qualité de membre de l'*Union* se perd :

*a*). Par la démission écrite, reçue au secrétariat compétent avant la dernière quinzaine de l'année comptable.

*b*). Par le non-paiement de la cotisation pendant deux années consécutives.

*c*). Par la radiation prononcée pour motifs

graves par le Conseil central, le membre intéressé ayant été préalablement appelé à fournir des explications, sauf recours à l'Assemblée des Déléguées, sur le rapport du Bureau central.

## III

### SECTIONS

Art. 12. — L'*Union* favorise la création de sections dans les communes et arrondissements urbains où il est possible de réunir 20 membres à cet effet. Le Conseil central peut exceptionnellement permettre pour un temps provisoire la création de sections ayant moins de vingt membres; mais ces sections ne peuvent fonctionner que du jour où le nombre prescrit est atteint.

Toute association agricole, industrielle ou commerciale, toute union professionnelle ou philanthropique, déjà existante et poursuivant dans un sens quelconque le but désigné à l'article 1er des présents Statuts généraux, peut être érigée en section de l'*Union*, sur demande adressée au Conseil central.

L'*Union* voit favorablement et encourage la fusion en sections des petites sociétés et associations d'un même arrondissement ou commune, qui désirent ressortir à elle comme sections.

Les sections formées dans les colonies et les protectorats sont admises si le Conseil central juge leur adhésion favorable à l'existence de l'*Union*. L'approbation de l'Assemblée des Déléguées est pourtant indispensable. Les membres de ces sections ne peuvent faire partie d'aucune commission permanente,

Art. 13. — Les sections portent la dénomination de la commune ou de l'arrondissement urbain où elles sont établies. Il ne peut exister dans une commune ou arrondissement urbain qu'une seule section.

Art. 14. — La réunion de plusieurs sections de commune dans une division administrative, n'empêche pas la création d'une section indépendante dans cette même division.

Réciproquement, une section contenant dans son ressort plusieurs communes peut se scinder en deux ou plusieurs sections, indépendantes l'une de l'autre. En pareil cas, si le partage des biens et des charges de la section ne peut se faire à l'amiable, il est fait par le Conseil central, dont la décision est souveraine.

Art. 15. — Le Conseil central ne reconnaît l'existence d'une section que sur son engagement de se soumettre aux présents Statuts généraux.

Il reçoit communication de la liste des personnes qui se proposent de créer la section. La composition du comité et de son bureau, ainsi que la liste des membres, avec indication de leurs adresses et qualités, lui est notifiée sans délai.

Chaque année et avant le premier novembre, la section est tenue de faire connaître les mutations survenues dans la composition de son comité et de son bureau, ainsi que les changements survenus parmi ses membres.

La même personne peut être membre actif de plusieurs sections, à charge par elle d'acquitter les cotisations afférentes à chaque section où elle est inscrite. En cas de changement de domicile, tout membre actif pourra, sur la présentation de la quittance de sa cotisation pour l'année courante, être admis à participer aux travaux de la section de son nouveau domicile, sur l'engagement pris par lui de se faire inscrire dans cette section, au commencement de la prochaine année comptable.

Du 1er au 5 de chaque trimestre, le nom, l'adresse et les qualités de tout membre admis dans le courant du trimestre précédent sont signifiés au Conseil central (Secrétariat général). Mention spéciale est faite sur cet état des membres venant d'une autre section avec indication de leur ancien domicile.

Art. 16. — Sous la réserve de l'observation des présents Statuts généraux, la section est indépendante. Elle vote ses propres statuts et règlements, constitue son comité et élit son bureau.

Elle fixe la cotisation de ses membres, établit son budget, accepte ou refuse dans les formes légales les legs et dons, et décide de leur placement ou de leur affectation.

Elle choisit les moyens qui lui semblent les plus propres à poursuivre, dans son ressort, le but de l'*Union*. Toutefois, elle est tenue de soumettre ses statuts, règlements et modifications éventuelles qui pourraient leur être apportées, au Conseil central. Un exemplaire de chacun de ces documents est classé aux archives de l'*Union*.

Art. 17. — Sous sa responsabilité pécuniaire et légale, la section poursuit la propagande de l'*Union*, par la création de conférences, cours, écoles, pensionnats, externats, maisons maternelles, etc.

Elle alloue des avances destinées à faciliter l'établissement de ses élèves, par mariage ou par l'exercice de la profession apprise.

Elle fonde des prix et accorde des récompenses en vue d'encourager les études qu'elle préconise.

Dans la mesure du possible, elle exonère de leurs frais de route les élèves peu fortunées de la campagne, qui lui paraissent dignes de recevoir l'instruction.

Elle fonde, à l'usage des dames et des demoiselles, des maisons de retraite et de repos, et des pensions de famille, dans lesquelles le service est assuré par des jeunes filles, qui sont formées, sous la direction d'une institutrice, aux métiers de cuisinière, femme de chambre, lingère, etc.

Sur les mêmes principes, elle ouvre des

« foyers » pour les ouvriers (*workmen-home*) et pour les ouvrières (*women-home*).

L'*Union* peut seconder la section dans l'organisation d'expositions, dans l'ouverture de marchés, dans la distribution de prix et récompenses, et en particulier dans l'organisation de conférences et de cours — tournées d'enseignements. Les frais sont pour le compte de la Caisse centrale, si ces conférences et cours sont entrepris sur l'initiative du Conseil central, en vue de faire connaître le but de l'*Union*, le genre et la méthode à appliquer et de faire comprendre le besoin d'instruction dans l'espoir d'obtenir la fondation d'une section active.

Pour tout ce qui est entrepris par une section formée ou en formation, ou par de simples particuliers, avec le concours de professeurs ou de conférenciers (institutrices ou conférencières) désignés ou non par l'*Union*, la section ou ces personnes sont seules responsables, même pour la rétribution due à ces professeurs ou conférenciers, ainsi que pour les frais de transport et réexpédition des ustensiles nécessaires, pour les dommages éventuels, les frais de déplacement et de séjour, etc.

D'une façon générale et absolue, l'*Union* n'est jamais responsable des dettes et obligations, contractées par la section sur sa propre initiative.

Une section ne peut en aucun cas engager un professeur ou un conférencier (institutrice ou conférencière) non agréé par l'*Union*.

Art. 18. — La dissolution de la section ne peut être prononcée qu'à la majorité des voix des membres présents à l'assemblée sectionnale extraordinaire, spécialement convoquée à cet effet. L'opposition de vingt membres empêche la dissolution, sauf les dispositions des articles 66 et 68.

Il est décidé dans la même forme du sort des biens, meubles et immeubles, en tenant compte autant que possible de leur destination première. En aucun cas, ils ne deviennent la propriété privée des derniers membres de la section. Si dans les six mois qui suivent la dissolution, aucune décision n'a été prise à leur sujet, conformément à ces prescriptions, ils deviennent de plein droit la propriété de l'*Union*, sauf la faculté, qui lui est reconnue, d'accepter ou de refuser cette attribution.

Art. 19. — Les sections ont le droit de faire des propositions à l'Assemblée des Déléguées : elles les font parvenir au Secrétariat général, avant le 15 décembre. Le Bureau central porte ces propositions à l'ordre du jour de la prochaine Assemblée, à moins qu'il les juge préjudiciables aux intérêts de l'*Union*. Les propositions dont l'adoption doit entraîner des débours pour la Caisse centrale, sont accompagnées d'évaluations approximatives des frais qu'elles nécessitent. L'ordre du jour mentionne le chiffre total de chaque estimation.

Art. 20. — Chaque année et le 15 décembre au plus tard, les sections sont tenues de fournir, au

Secrétariat général, un rapport constatant leur situation morale et financière. Quand un cours de tournée d'enseignement aura eu lieu, le professeur rédige et signe un rapport détaillé qui, sans délai, est adressé au Conseil central (Secrétariat général) par la présidente de la section formée ou en formation, ou toute personne qui, seule ou avec d'autres, aura demandé à l'*Union* l'envoi d'un professeur. La présidente ou cette personne contresigne ce rapport, en y insérant toutes observations qu'elle croit devoir y faire figurer. Ce rapport indique le sommaire du cours, le nombre, l'âge, la situation sociale, le zèle, dont les élèves ont fait preuve ; il est suivi du bilan des recettes et des débours et est établi en deux exemplaires, dont l'un est classé aux archives de l'*Union* et l'autre reste à la disposition de la section ou de la personne qui a organisé le cours. Tous ces rapports sont publiés *in extenso* au Bulletin de l'*Union* ou faute de place sous forme d'extraits.

Art. 21. — Avant le 1er janvier, chaque section verse à la Caisse centrale sa part contributive au budget général de l'*Union*. Cette part est établie d'après le nombre des membres de la section et à raison de 50 centimes par membre. L'augmentation de cette part contributive, résultant de nouvelles adhésions, est versée à la Caisse centrale avant le commencement de l'année comptable prochaine.

Aucune part contributive n'est due par la section à l'*Union* pour l'année de sa création.

Au cas où, à la date du 1er juillet, la section n'a pas encore versé sa part contributive à la Caisse centrale, elle y est invitée par la Trésorière générale. Si elle ne satisfait pas à cette demande dans le délai de huitaine, elle est condamnée à payer cinq fois la somme due. Cette somme est versée au plus tard au jour de l'ouverture de la prochaine année comptable (voir art. 60 et 66).

Art. 22. — La dissolution de l'*Union* n'implique en aucun cas celle de ses sections. Néanmoins celles-ci ne recouvrent leur entière indépendance qu'après l'apurement des comptes qui sont arrêtés au jour même de la dissolution de l'*Union*. Une section ne peut se détacher de l'*Union* avant la dissolution de l'*Union* elle-même; toute section qui s'y déciderait verrait la propriété de ses biens meubles et immeubles passer de plein droit à l'*Union*.

## IV

### CONSEIL CENTRAL DE L' « UNION »

Art. 23. — L'*Union* est administrée par un Conseil composé de vingt-cinq Conseillères élues pour cinq ans par l'Assemblée des Déléguées et renouvelable chaque année par cinquième d'après l'ordre établi par le sort.

Les Conseillères sont rééligibles. Nulle ne peut être élue Conseillère, si elle n'est Française et ne jouit de ses droits civils.

Art. 24. — Le Conseil élit son Bureau, qui est ainsi composé :

Une Présidente ;

Quatre Vice-Présidentes ;

Une Secrétaire générale ;

Deux Secrétaires adjointes ;

Une Trésorière générale ;

Deux Trésorières adjointes.

La Présidente et deux au moins des Vice-Présidentes doivent être domiciliées à Paris; les autres membres du Bureau doivent résider habituellement à Paris ou dans les départements de la Seine et de Seine-et-Oise.

Art. 25. — Les membres du Bureau sont élus chaque année à la première réunion du Conseil qui suit l'Assemblée des Déléguées. Ils sont rééligibles. L'ancien Bureau préside aux élections du nouveau. Si une ou plusieurs fonctions deviennent vacantes entre deux élections, le Conseil procède immédiatement au remplacement des titulaires.

Art. 26. — Les conditions d'éligibilité prescrites par l'artcle 23 ne s'appliquent pas au Président et aux Membres d'honneur qui sont directement élus par l'Assemblée des Déléguées à la majorité des deux tiers.

Art. 27. — Le Conseil a la direction de toutes les affaires intéressant l'*Union* sous le contrôle de l'Assemblée des Déléguées. Il décide de l'admission des Membres fondateurs et des Membres libres. Il autorise, le cas échéant, la fondation de sections composées de moins de 20 membres ; il approuve les statuts, règlements et modifications y apportées des sections métropolitaines ; il autorise la fusion de plusieurs sections ou leur morcellement ; il décide de l'affectation ou de l'aliénation des biens mobiliers et immobiliers, qui sont échus à l'*Union* à un titre quelconque ; il agrée les professeurs et conférenciers (institutrices et conférencières) et organise les expositions, marchés, cours de l'*Union*, etc... En cas d'urgence, le Conseil est autorisé, sous réserve de la ratification de l'Assemblée des Déléguées, à prendre les mesures qui lui paraissent nécessaires pour sauvegarder les intérêts de l'*Union*.

Art. 28. — Le Conseil se réunit tous les mois. La convocation est notifiée au moins quatre jours à l'avance à chaque membre du Conseil, faute de quoi les résolutions du Conseil ne seraient point valables.

Art. 29. — Le Conseil ne peut délibérer ni prendre aucune décision valable, si cinq membres au moins ne sont présents à la réunion.

Art. 30. — Les délibérations du Conseil relatives aux acquisitions, échanges et aliénations d'immeubles, aliénations de biens dépendant du fonds de réserve, prêts hypothécaires, emprunts, constitutions d'hypothèques et baux excédant neuf années, ne sont valables qu'après l'approbation de l'Assemblée des Déléguées.

Art. 31. — Les délibérations du Conseil relatives à l'acceptation des dons et legs, les délibérations de l'Assemblée des Déléguées relatives aux acquisitions et échanges d'immeubles, aliénations de biens dépendant du fonds de réserve et prêts hypothécaires, ne sont valables qu'après approbation du Gouvernement.

Art. 32. — Les membres du Conseil résidant à plus de vingt kilomètres de Paris peuvent voter par lettre sur les questions débattues dans le Conseil et leur vote vaut comme s'ils étaient présents ; mais les absents, votant ainsi, ne sont pas comptés dans le nombre des membres dont la présence est prescrite par l'article 29.

Art. 33. — Dans sa dernière réunion de l'année, le Conseil prépare le rapport sur la situation des affaires de l'*Union* et de ses sections qui doit être présenté à l'Assemblée des Déléguées. Ce rapport donne un résumé des travaux de l'*Union* et de ses sections durant l'année qui vient de s'écouler.

Art. 34. — La Présidente représente l'*Union* dans toutes les circonstances publiques ou privées; mais elle ne peut l'engager pécuniairement ou moralement, sans vote préalable du Conseil ou de l'Assemblée des Déléguées.

Ses fonctions sont d'occuper le fauteuil pendant les réunions du Conseil et les séances de l'Assemblée, de diriger les débats, de maintenir l'ordre, etc... En l'absence de la Présidente, une des Vice-Présidentes, ou à défaut, tout autre membre du Conseil, prend le fauteuil et préside.

Le Président d'honneur peut être invité à présider.

Art. 35. — A la fin de chaque année, la Présidente adresse au ministre de l'Intérieur et au ministre de l'Instruction publique le compte rendu moral et financier de l'*Union*, ainsi que la liste de ses membres.

Art. 36. — Toute discussion politique, religieuse ou étrangère au but de l'*Union* est interdite dans les réunions du Conseil. Les travaux du Conseil sont réglés par un Règlement intérieur. lequel, pour ce qui touche aux finances, n'est applicable qu'après l'approbation de l'Assemblée des Déléguées. Copie de ce règlement est envoyée à toutes les sections ; les modifications qui peuvent y être apportées font l'objet d'une mention spéciale dans le rapport présenté par le Conseil à l'Assemblée.

Art. 37. — La Secrétaire générale reçoit les documents et communications ainsi que les rapports adressés par les sections à l'*Union*, les centralise et les présente aux séances. Elle fait les convocations et dirige avec l'aide d'une commission toutes les publications de l'*Union*.

La Secrétaire rédige les procès-verbaux des séances ; elle tient un résumé de toutes les communications et débats et donne connaissance des candidats qui demandent à faire partie de l'*Union*. Elle tient à jour les listes des membres de l'*Union* faisant ou non partie des sections. Aux séances, elle lit le procès-verbal de la réunion précédente, inscrit les documents lus et présentés. Elle est chargée des rapports avec la presse.

Art. 38. — Les Secrétaires adjointes aident la Secrétaire générale dans sa tâche et la suppléent dans ses fonctions en cas d'empêchement.

Art. 39. — La Trésorière générale reçoit toutes les sommes dues à l'*Union* et paie toutes les dépenses. Elle délivre et reçoit quittance, tient un compte détaillé des recettes et dépenses et en rend compte chaque année à l'Assemblée des Déléguées. Elle se tient en rapport direct avec les sections pour tout ce qui concerne leurs versements à la Caisse centrale.

Art. 40. — Les Trésorières adjointes aident la Trésorière générale dans sa tâche et la suppléent aux réunions, dans le cas où elle n'y peut assister.

Art. 41. — Toutes les fonctions de membre du Conseil et du Bureau sont gratuites; mais les frais qu'elles entraînent sont remboursés sur mémoire.

Art. 42. — Le Président et les Membres d'honneur peuvent assister aux réunions du Conseil avec voix délibérative.

## V

### ASSEMBLÉE DES DÉLÉGUÉES

Art. 43. — L'Assemblée des Déléguées constitue l'autorité supérieure de l'*Union*. Elle se compose des Déléguées des sections, des membres du Conseil, des Membres libres ainsi que du Président et des Membres d'honneur et des Membres fondateurs.

Art. 44. — Elle a lieu une fois par an, dans le courant du premier trimestre. La session dure aussi longtemps qu'il est nécessaire, sans toutefois pouvoir excéder trois jours. En principe, l'Assemblée se tient à Paris ; cependant elle peut décider que sa prochaine réunion aura lieu dans une autre commune.

Dans le cas où des circonstances spéciales justifiant le changement de ville vient à se produire dans l'intervalle de deux Assemblées, le Conseil peut, sur le vote conforme des deux tiers de ses membres, décider du changement de commune. En aucun cas la même commune — à l'exception de Paris — ne peut être choisie pendant deux années consécutives, comme lieu de réunion de l'Assemblée.

Art. 45. — L'Assemblée est convoquée par le Conseil. La date, le lieu et l'ordre du jour sont portés à la connaissance de toutes les sections, ainsi qu'à celles des membres, directement rattachés à l'*Union*, un mois au moins avant la date de la réunion. Une section reçoit autant d'exemplaires de convocation qu'elle a de membres.

Art. 46. — Chaque section envoie à l'Assemblée une Déléguée titulaire et une Déléguée suppléante. Toutes deux doivent être membres de l'*Union*. La lettre qui les accrédite donne leurs noms et leurs qualités : elle mentionne également le nombre des membres de la section représentée et elle est revêtue des signatures de la présidente et de celle de la secrétaire de la section. Cette lettre est adressée au Conseil quinze jours avant la réunion de l'Assemblée. Les frais de déplacement et de séjour des Déléguées sont pour le compte des sections.

Art. 47. — A moins que l'Assemblée ne se constitue en comité secret, tous les membres actifs ont la facilité d'assister aux séances, autant que l'espace du local le permet. Les journaux, qui en font d'avance la demande au Secrétariat général, peuvent envoyer des représentants auxquels des places sont réservées.

Art. 48. — Les Déléguées ou à leur défaut leurs Suppléantes, les membres du Conseil, les Membres libres, les Membres d'honneur et les Membres fondateurs ont seuls droit de prendre part aux délibérations. Tout membre actif, auteur d'une proposition inscrite à l'ordre du jour, peut être autorisé par la Présidente à prendre part aux débats touchant sa proposition sans avoir d'ailleurs voix délibérative.

Art. 49. — Les Déléguées seules et, au cas d'empêchement, leurs Suppléantes ont le droit de vote. Le mandat impératif est interdit. Elles ont droit à un nombre de voix proportionnel au nombre des membres de leurs sections, savoir :

| | | | |
|---|---|---|---|
| A 1 | voix pour une section de | 20 membres. | |
| A 2 | — — | 21 à 100 membres | |
| A 3 | — — | 101 à 300 | — |
| A 4 | — — | 301 à 600 | — |
| A 5 | — — | 601 à 1000 | — |

Une voix en plus pour tout nombre de mille membres en sus.

Art. 50. — Le vote a lieu à la majorité absolue des voix au premier tour, et à la majorité relative au second, sauf le cas prévu par l'article 68.

Au cas de partage des voix, la proposition est ajournée.

Le vote par acclamation est autorisé, à moins que vingt Déléguées ne s'y opposent.

Les propositions de nature à entraîner des débours pour la Caisse centrale ne peuvent être discutées que sur un rapport détaillé du Conseil, distribué à tous les membres de l'Assemblée.

Art. 51. — Quand l'*Union* accorde un subside, elle doit fixer l'époque du remboursement. Si ce subside n'a pas été perçu avant cette époque, le bénéficiaire y perd tout droit et il ne peut y prétendre qu'après un second vote.

Art. 52. — Le Bureau du Conseil est celui de l'Assemblée.

Art. 53. — La Présidente expose la situation morale de l'*Union ;* la Secrétaire générale résume les progrès accomplis pendant la dernière année ; la Trésorière générale fournit l'état financier avec toutes pièces justificatives à l'appui et présente le budget.

L'Assemblée donne décharge pour l'exercice clos, après avoir comparé le chiffre des dépenses réelles à celui des dépenses prévues au budget ; elle vote le budget pour l'exercice courant, approuve le programme des travaux et confirme la désignation des prix faite par le Conseil. Elle décide, sur le rapport du Conseil, de tout ce qui intéresse le patrimoine de l'*Union* : acquisitions, échanges, aliénations d'immeubles et de biens dépendants du fonds de réserve, prêts hypothécaires, emprunts, constitution d'hypothèques et baux excédant neuf années. Elle accepte et refuse, dans les mêmes conditions, les biens meubles et immeubles, dont la propriété lui est échue à la suite de la dissolution d'une section ou de sa séparation de l'*Union* (art. 18, 22). Elle prononce contre les sections en retard dans leurs versements à la Caisse centrale l'amende prévue par l'article 21. Elle est juge de l'opportunité de la création de sections coloniales; elle délibère sur les questions d'intérêt général, économique et social ; elle adresse aux autorités les rapports et requêtes et elle est compétente pour connaître de toutes les questions intéressant l'*Union*, dont la connaissance n'est pas formellement réservée au Conseil. Elle procède enfin à l'élection des cinq membres du Conseil appelés à remplacer les cinq Conseillères sortantes (art. 23); elle nomme les Membres d'honneur et éventuellement un Président d'honneur. Elle est aussi compétente pour reviser partiellement ou en totalité les présents Statuts généraux dans les conditions prévues par l'article 68.

Art. 54. — Toute discussion politique, religieuse ou étrangère au but de l'*Union* est interdite.

Art. 55. — L'Assemblée extraordinaire des Déléguées peut être convoquée à n'importe quelle époque de l'année, si la majorité du Conseil le demande. Elle doit être convoquée, si sa réunion est réclamée par un tiers des sections. La date et l'objet de cette Assemblée extraordinaire doivent être notifiés à toutes les sections et à tous les membres de l'*Union* huit jours au moins avant la réunion de l'Assemblée extraordinaire.

L'Assemblée extraordinaire se tient d'après les règles prescrites pour l'Assemblée ordinaire.

Art. 56. — Le procès-verbal *in extenso* de l'Assemblée des Déléguées est publié au Bulletin, ou adressé séparément à toutes les sections, ainsi qu'aux membres de l'*Union*.

## VI

### COMMISSIONS

Art. 57. — Il y a six Commissions permanentes :

Commission administrative et du local;
— du contentieux;
— d'enseignement et d'éducation ;
— d'amendement social ;
— du bulletin ;
— des marchés, ventes, expositions et fêtes.

Art. 58. — Ces Commissions sont élues par l'Assemblée des Déléguées sur proposition du Bureau et prises, autant que possible, parmi les membres habitant les départements de la Seine, de Seine-et-Oise, ou les départements limitrophes. Elles comprennent sept ou neuf membres. Leurs présidentes sont des conseillères prises en dehors du Bureau ; elles n'ont pas droit de vote, sauf au cas de partage. Ces Commissions, avec l'approbation de leur présidente, peuvent s'adjoindre une ou plusieurs personnes qui les assistent dans leurs travaux.

Les membres du Bureau peuvent assister aux réunions des Commissions, sauf dans le cas où l'ordre du jour porte discussion d'une question intéressant le Bureau. Une même personne ne peut faire partie de deux Commissions permanentes.

Les membres des Commissions sont défrayés sur mémoire des sommes déboursées dans le cours de leurs travaux.

Art. 59. — S'il y a lieu, des Commissions temporaires peuvent être créées avec l'approbation du Bureau. Elles sont prises dans le sein du Conseil.

Les règles édictées pour les Commissions permanentes sont applicables aux Commissions temporaires.

## VII

### RESSOURCES DE « L'UNION »

Art. 60. — Les recettes annuelles de l'*Union* se composent :

1° Des cotisations des Membres libres ;

2° De la part collective des sections au Budget central ;

3° Des subventions qui pourront lui être accordées ;

4° Du produit des ressources créées à titre exceptionnel et, s'il y a lieu, avec l'agrément de l'autorité compétente ;

5° Du revenu de ses biens et valeurs de toute nature.

Art. 61. — Le fonds de réserve comprend :

1° La dotation.

2° Le dixième au moins du revenu net des biens, meubles et immeubles de l'*Union*.

3° Les sommes versées par les membres fondateurs ;

4° Le produit des libéralités autorisées sans affectation spéciale.

Ar. 62. — Le fonds de réserve est placé en rentes nominatives sur l'État ou en autres valeurs nominatives dont le minimum d'intérêt est garanti par l'État. Il peut également être employé en acquisitions d'immeubles, pourvu que ces immeubles soient nécessaires au fonctionnement de l'*Union*, ou en prêts hypothécaires, pourvu que le montant de ces prêts, réuni aux sommes garanties par les autres inscriptions ou privilèges qui grèvent l'immeuble, ne dépasse pas les deux tiers de sa valeur estimative.

L'Assemblée des Déléguées seule peut autoriser la vente des valeurs inscrites au Grand Livre de la Dette publique.

Les quittances d'inscriptions au Grand Livre et les valeurs nominatives sont confiées à la Trésorière et déposées dans la caisse de l'*Union*. Le numéraire au-dessus de 2,000 francs est versé en dépôt à la Banque de France.

## VIII

### CAS EXCEPTIONNELS

Art. 63. — Si un conflit s'élève entre deux sections, ou entre une section et un établissement fondé par elle à l'occasion de leurs droits et obligations réciproques, le Conseil central, si l'on a recours à sa médiation, essaie de concilier les deux parties. S'il ne peut y parvenir et si l'intérêt de l'*Union* est engagé dans le litige, l'Assemblée des Déléguées décide de la question en dernier ressort.

Dans les cas précédents, les sections peuvent s'adresser directement à l'Assemblée des Déléguées, mais les établissements sont forcés de s'adresser au Conseil.

Si le différend s'engage entre une section et le Conseil, l'Assemblée des Déléguées est compétente pour en connaître.

Dans tous les cas précédents, l'Assemblée des Déléguées peut nommer une Commission chargée d'étudier la question : elle peut même lui donner les pouvoirs de la résoudre.

Art. 64. — Le Conseil s'efforce de sanctionner par une réprimande officieuse, ou en obligeant à la réparation des dommages occasionnés, toute infraction qu'une section ou une commission aurait pu commettre contre les Statuts, soit en les violant directement, soit en négligeant d'observer quelqu'une de leurs dispositions.

Si son intervention est impuissante, le Conseil saisit de l'affaire l'Assemblée des Déléguées, qui prend toutes les mesures exigées par les circonstances ; elle peut dissoudre la section ou la commission.

Art. 65. — Quand le Conseil paraît avoir violé les statuts, toute Section peut le mettre en accusation devant l'Assemblée des Déléguées. Celle-ci nomme une commission d'enquête et n'agit que d'après ses conclusions.

Art. 66. — Si, après avis de la Trésorerie générale, une section n'a pas encore versé sa part contributive à la date du 1er juillet, l'*Union* rompt tout rapport avec elle, jusqu'au moment où ladite section aura payé tout son arriéré. Passé le délai de deux ans sans paiement, la section est considérée comme dissoute.

## IX

### REVISION DES STATUTS

Art. 67. — L'interprétation des présents Statuts appartient à l'Assemblée des Déléguées.

Art. 68. — Toute modification apportée aux Statuts exige :

*a*. Un ordre du jour formel et spécial.

*b*. Les trois quarts des voix à l'Assemblée des Déléguées.

Art. 69. — La revision décennale est obligatoire.

La revision a lieu à Paris, elle donne lieu à la nomination d'une Commission de revision composée de neuf membres, dont trois font partie du Conseil et six sont désignés par les sections et pris soit dans leur sein, soit en dehors. A ces six membres sont adjointes six suppléantes.

La présidente doit être choisie parmi les trois Conseillères et désignée par le Conseil.

La Secrétaire générale est adjointe à la Commission avec voix consultative,

Autant que possible les différentes régions françaises sont représentées dans la Commission. Cinq au moins des membres désignés par les sections doivent appartenir à des sections éloignées de plus de 200 kilomètres de Paris. Si, en raison des circonstances spéciales, la revision décennale paraît inopportune, l'Assemblée des Déléguées peut l'ajourner à un an.

Art. 70. — Toute section et le Conseil ont le droit d'adresser à la Commission de revision, sous le couvert de la Secrétaire générale, avant le 15 décembre, les observations et les propositions qu'ils jugent à propos de lui soumettre.

Art. 71. — La Commission règle ses travaux et

décide par le vote de toutes les questions qu'elle agite ; elle prend connaissance des propositions des sections et du conseil, mais elle présente à l'Assemblée des Déléguées un projet d'ensemble des statuts rédigés en toute indépendance.

Avant le 15 avril, la Commission remet au Conseil le projet des Statuts avec un commentaire, pour en faire parvenir avant le 15 mai, des copies aux sections et les mettre à même de les étudier.

Tous les membres de l'*Union* ou de ses sections reçoivent une copie du projet avec commentaire.

Art. 72. — Les sections et le Conseil peuvent proposer des modifications au projet.

Ces propositions sont, sous le couvert de la Secrétaire générale, adressées avant le 1er juillet à la Commission de revision.

La Commission se réunit aussitôt que possible, afin d'étudier ces modifications et de faire connaître au Conseil son avis, avant le 1er août.

Avant le 1er septembre, le Conseil renvoie aux sections ces modifications avec les avis émis par la Commission.

Seules les modifications que le Conseil aura su, avant le 1er octobre, être soutenues par quinze sections ou par la Commission de revision, seront discutées à l'Assemblée des Déléguées ; mais les projets de modification, retirés par leurs auteurs, peuvent être repris soit par des sections, soit par le Conseil.

Les modifications et l'ensemble des projets, sont

adoptés à la majorité des voix ; en cas [illegible] partage les motions ne sont pas adoptées.

Art. 73. — Les nouveaux Statuts entrent en vigueur au commencement de l'année qui suit celle de la revision. Toute diligence est faite pour que copie des nouveaux Statuts soit adressée à tous les membres de l'*Union*.

Art. 74. — Les statuts et règlements intérieurs des sections sont modifiés autant qu'il est nécessaire pour les mettre en conformité avec les nouveaux Statuts généraux.

Modifiés ou non, une copie en est adressée au Conseil avant le 1er octobre de l'année qui suit celle de la revision (voir art. 15 et 16).

Les règlements intérieurs de l'*Union* sont également modifiés, s'il est nécessaire, et sont soumis à l'approbation de l'Assemblée des Déléguées de l'année suivante.

Art. 75. — Dans le cas où l'Assemblée des Déléguées rejette le projet des Statuts, qui lui est soumis, une autre commission de revision est nommée dans cette même Assemblée et dans les conditions prescrites par le présent chapitre.

# X

## DISSOLUTION DE L'« UNION »

Art. 76. — L'Assemblée des Déléguées, appelée à se prononcer sur la dissolution de l'*Union* et convoquée spécialement à cet effet, doit comprendre au moins la moitié plus un des membres en exercice. Si cette proportion n'est pas atteinte, l'Assemblée est convoquée de nouveau ; mais à quinze jours au moins d'intervalle, et cette fois elle peut valablement délibérer, quel que soit le nombre des membres présents. Dans tous les cas, la dissolution ne peut être votée qu'à la majorité des deux tiers des membres présents.

Art. 77. — La dissolution de l'*Union* n'implique en aucun cas celle de ses sections (voir art. 22).

Art. 78. — En cas de dissolution, la liquidation des biens de l'*Union* est faite sous le contrôle du Bureau par deux jurisconsultes, dont l'un est choisi par la Présidente et la Trésorière générale et l'autre par le Conseil. L'actif net est attribué à l'État, à charge par lui de l'employer à des fondations ou œuvres conçues dans le même esprit que celui de l'*Union*.

Ainsi voté en Assemblée constitutive à Paris.

Pour l'*Union Française des Mères de Famille*,

*La Présidente :*

*La Secrétaire générale :*

## REGLEMENT INTÉRIEUR

du

# L'UNION FRANÇAISE DES MÈRES DE FAMILLE

(PROJET)

Présidence. — Conseil. — Assemblée des Déléguées.
Ordre du jour. — Vote.
Secrétaire générale. — Trésorière générale.

§ 1er. — La Présidente signe toutes les pièces qui émanent directement du Bureau. Toutes les fois qu'il y a urgence, elle prend les mesures nécessaires, d'accord avec la Secrétaire générale; elle en donne connaissance au Bureau à sa première réunion.

En cas d'empêchement, la Présidente est suppléée par une des vice-présidentes. A défaut de vice-présidentes, la dignitaire la plus ancienne en fonctions occupe le fauteuil.

§ 2. — Les réunions ordinaires du Conseil se tiennent au siège de l'*Union*, le premier samedi de chaque mois, à une heure de l'après-midi. L'Assemblée des Déléguées se réunit au lieu et à l'heure fixés par le Conseil.

Les Conseillères peuvent être convoquées en réunion extraordinaire par la Présidente aussi souvent qu'elle le juge nécessaire. Le Conseil se réunit aussi extraordinairement, sur la demande écrite et motivée de quatre de ses membres.

§ 3. — La Présidente préside les réunions du Bureau, du Conseil et de l'Assemblée des Déléguées; elle dirige les débats, mais elle n'a pas droit de vote, sauf dans le cas prévu par le § 8.

La parole est donnée dans l'ordre où elle a été demandée. Elle ne peut être accordée deux fois à la même personne sur le même sujet. Cette règle ne s'applique pas cependant à l'auteur d'une proposition inscrite à l'ordre du jour.

Toute Conseillère qui interrompt un orateur, tout orateur qui s'écarte du sujet de la discussion ou qui s'exprime en termes déplacés sont rappelés à l'ordre. Si cette sanction ne suffit pas, la Présidente prononce le rappel à l'ordre avec inscription au procès-verbal.

A la troisième récidive, la parole est retirée.

§ 4. — A moins que la réunion n'en décide autrement, les questions portées à l'ordre du jour sont discutées dans l'ordre même de leur inscription.

Une proposition qui ne figure pas à l'ordre du jour ne peut être prise en considération, sauf le cas prévu par le § 5.

§ 5. — Si une section n'a pu faire inscrire à temps, à l'ordre du jour de l'Assemblée des Déléguées une proposition qui présente un intérêt urgent, la Déléguée de la section en remet à la Présidente de l'*Union* le texte signé de la présidente et de la secrétaire de la section. La Commission du contentieux est saisie ; elle entend la Déléguée et son rapporteur fait connaître à l'Assemblée l'avis de la Commission sur l'opportunité d'un débat immédiat. L'Assemblée décide si elle doit aborder la discussion ou si la proposition doit être ajournée à la prochaine réunion.

§ 6. — Si, à la suite d'un vote, une Déléguée juge nécessaire de soumettre une nouvelle proposition à l'Assemblée, elle en fait parvenir le texte, signé par elle, à la Présidente. La Commission du contentieux est saisie; elle examine l'urgence. Au résultat de cet examen, si la proposition est soutenue par dix sections, l'Assemblée vote sur la prise en considération.

§ 7. — Dans les conditions ci-dessus spécifiées, le Bureau peut également soumettre des propositions à l'Assemblée ; les règles précédentes s'appliquent en pareil cas.

§ 8. — Sur toutes les questions, il est décidé par le vote. Les membres du Bureau ne votent pas sur les propositions qui émanent de leur initiative.

Au cas de partage des voix, la proposition est ajournée à la prochaine réunion. Si, à cette nouvelle réunion, il y a encore partage, la Présidente est appelée à voter. Si elle s'abstient, la proposition est repoussée. Malgré le partage, si dès la première séance l'urgence est votée par les deux tiers de la réunion, la question est retenue et la Présidente prend part au vote. Son abstention entraîne le rejet.

§ 9. — En matière d'élection, il est voté au scrutin secret. Si au premier tour la majorité n'est pas atteinte, il est procédé à un second tour au scrutin public. Si la majorité requise n'est pas encore atteinte, il y a lieu à un troisième tour, également au scrutin public ; mais les voix doivent se porter sur les deux noms qui ont réuni le plus de suffrages. S'il y a partage, il est décidé de l'élection par le sort.

§ 10. — Chaque année, avant le premier janvier, le Conseil fixe la date de la réunion de l'Assemblée des Déléguées qui doit avoir lieu dans le premier trimestre (art. 44 des St. gén.).

§ 11. — En dehors des fonctions qu'elle remplit dans le Bureau, et de celles qui lui sont dévolues par les Statuts, la Secrétaire générale fournit au Conseil les renseignements nécessaires pour lui permettre d'établir dans la séance du mois d'*octobre* ou *novembre* le *rapport annuel* et dans la séance du mois d'*avril* le *procès-verbal* de la *dernière Assemblée des Déléguées*.

§ 12. — La Trésorière générale fournit au Conseil les renseignements nécessaires pour lui permettre d'établir dans la séance de *novembre* ou *décembre*, le *projet budgétaire* pour la *prochaine année comptable*; dans la séance du mois de *janvier, l'état de la comptabilité de l'année écoulée*.

§ 13. — La Secrétaire générale et la Trésorière

générale peuvent, sous leur responsabilité et à leurs frais personnels, employer des commis ou commises agréés par le Conseil qui a toujours le droit d'exiger que congé leur soit donné.

Commissions. — Bibliothèques. — Marchés et Ventes.

§ 14.— Le Bureau transmet aux commissions les documents et renseignements qui rentrent dans leur compétence respective (art. 57, 58 et 59 des St. gén.).

Les commissions étudient les questions qui leur sont soumises et font connaître leur opinion au Conseil par l'organe de leur rapporteur, à la première séance de tous les trimestres ou plus tôt s'il y a urgence.

§ 15. — La Secrétaire générale doit assister aux séances de toutes les commissions ; elle y a voix consultative, sauf les dispositions de l'article 58 des statuts généraux. Elle rend compte au Bureau des délibérations des Commissions qui lui paraissent violer les Statuts ou ne pas être conformes à l'esprit de l'*Union*.

§ 16.— La Commission administrative et du local vérifie, au commencement de chaque trimestre et chaque fois qu'elle le juge nécessaire, la comptabilité et la caisse. Elle est appelée à donner son avis sur tout ce qui intéresse les finances de l'*Union*; elle veille à l'entretien de l'immeuble, des locaux et du mobilier.

§ 17. — La Commission du contentieux est chargée de l'examen des statuts et règlements des sections et des modifications qui leur sont apportées. Elle étudie également les projets de création de sections, elle donne son avis sur la prise en considération des propositions qui n'ont pu être inscrites à temps à l'ordre du jour. Il lui appartient d'instruire les difficultés qui sont de nature à donner lieu à des procédures judiciaires; elle peut s'adjoindre pour ce dernier cas un jurisconsulte agréé par le Conseil.

§ 18. — La Commission d'enseignement et d'éducation est spécialement chargée de l'organisation des cours, conférences et tournées d'enseignement.

Elle propose au Conseil la nomination de professeurs et d'institutrices dont elle fixe les honoraires.

Cette Commission est également chargée de l'examen des rapports dressés par les sections sur les résultats de leurs concours. D'après les conclusions de ces rapports, elle choisit pour chaque branche de l'enseignement donné, les trois élèves qui en raison du mérite dont elles ont fait preuve, lui paraissent les plus dignes de prendre part au concours général. Ce concours a lieu chaque année à Paris, au lieu et à la date fixés par le Conseil; les concurrentes sont défrayées de leurs frais de voyage. Le concours général est passé devant un jury nommé par le Conseil; il comprend des épreuves écrites et orales, ainsi que des exercices pratiques. Les prix décernés ne consistent jamais en argent, mais en fournitures diverses ou, dans le cas d'un établissement prochain de la concurrente primée, en meubles et en ustensiles de ménage.

§ 19. — La Commission d'amendement social étudie toutes les questions qui intéressent le développement moral et le bien être de la nation, plus particulièrement celui de la femme considérée comme éducatrice et mère de famille.

Toute personne, membre ou non de l'*Union*, peut communiquer à la Commission ses idées personnelles sur un problème social. Si la Commission trouve ces idées intéressantes, elle invite l'auteur à les développer sous forme de mémoire. Le rapporteur, en rendant compte au Conseil des travaux de la Commission, donne lecture des mémoires reçus. Le Conseil peut décider l'insertion au Bulletin des mémoires les plus remarqués et il peut même charger l'auteur d'une conférence publique, faite sous le patronage de l'*Union*, sur le sujet qu'il a traité.

§ 20. — La Commission du bulletin rédige le Bulletin et les autres publications de l'*Union*. Elle est également chargée de la bibliothèque et propose au Conseil l'achat des ouvrages dont l'acquisition lui paraît nécessaire. Elle soumet à son agrément le choix d'un bibliothécaire, qui peut être rémunéré par l'*Union* et que le Conseil peut toujours relever de ses fonctions sur avis de la Commission.

Chaque année, la Commission du bulletin revise le catalogue de la bibliothèque dont un exemplaire est adressé à chaque section.

La bibliothèque est ouverte à tous les membres de l'*Union* sur justification de leur qualité.

En principe, rien ne doit sortir de la salle de lecture ; cependant, en raison de circonstances exceptionnelles, dont le Conseil est seul juge, le prêt à domicile peut être autorisé. De plus les ouvrages, rapports et publications peuvent être prêtés à des sociétés étrangères poursuivant un but similaire à celui de l'*Union*.

Les prêts faits en France durent un mois. Le détenteur de l'ouvrage est responsable devant la Commission, et la Commission devant le Conseil, des dégradations et de la perte du livre.

Le bibliothécaire tient un état des ouvrages prêtés en France ou à l'étranger. En cas de retard dans la remise, il rédige les lettres de rappel qui sont adressées au nom de la Commission et sous la signature de sa présidente. En aucun cas les revues, journaux, manuscrits ne peuvent sortir de la bibliothèque ou des archives.

§ 21. — La Commission des marchés, ventes, expositions et fêtes étudie toutes les questions et projets qui se rattachent à son objet. Elle soumet à l'agrément du Conseil le choix d'une directrice des ventes, qui peut être salariée et que le Conseil peut toujours relever de ses fonctions, sur l'avis de la Commission. L'*Union* se charge de l'exposition et de la vente, dans un de ses locaux, des divers objets fabriqués par les membres de l'*Union*.

Dans toute la mesure de la place disponible, tout membre de l'*Union* peut exposer, avec l'autorisation de la Commission, et mettre en vente les produits de son industrie. Les objets déposés sont inscrits par la directrice des ventes sur un registre à souche ; le volant est remis au dépositaire. Ils sont mis sous vitrine et restent exposés durant deux mois. Si, au bout de ce temps, ils ne sont pas vendus, ils doivent être retirés. La vente a lieu sans frais, sauf un pour cent de retenue au profit de l'*Union*. Le prix est fixé par l'exposant. L'*Union* ne répond pas des dégradations provenant de la poussière, de l'humidité ou du défraîchissement. Les articles vendus par l'*Union* ne sont jamais repris.

L'*Union* se charge également de l'exécution de toute commande qui lui est adressée,

Quand la matière première est fournie par l'*Union*, le client doit payer d'avance un tiers de la valeur de la matière première ; reçu lui en est délivré. Le prix de l'objet est productif d'un intérêt de cinq pour cent l'an, si dans les trois mois, à dater du jour où il aura été invité à en prendre livraison, le client ne l'a pas retiré.

Si la matière première est fournie par le client lui-même, les dispositions précédentes ne reçoivent pas application ; mais, s'il n'a pas pris livraison dans les douze mois, l'objet devient la propriété de l'*Union*, qui en opère la vente à son profit.

Dans tous les cas, l'*Union* paie directement l'auteur (l'artiste ou l'ouvrière), sauf recours contre le client.

Toutes les commandes faites à l'*Union* sont inscrites sur un registre à souche, tenu par la Directrice des ventes ; le volant est remis au client.

Tout membre de l'*Union*, qui veut se charger d'un travail, doit prouver sa solvabilité et justifier de ses capacités. La Directrice des ventes et un membre de la Commission décident si le travail sera donné ou non.

Les employées et préposées au nettoyage du local sont responsables des dégâts occasionnés par leur fait.

La Commission est chargée de l'organisation des expositions et des fêtes. Les projets qui sont soumis par elle au Conseil doivent être accompagnés d'un mémoire et du devis des frais, avec plans et pièces à l'appui.

§ 22. — Les règles édictées pour les Commissions permanentes sont applicables aux Commissions temporaires.

### Revision du Règlement.

§ 23. — Après la revision des Statuts généraux, les modifications nécessaires sont apportées au présent Règlement (art. 74 des St. gén.).

L'approbation de la Commission administrative est requise toutes les fois qu'il s'agit d'une modification intéressant les finances.

En dehors du cas de revision des Statuts généraux, le Conseil est libre de modifier le présent Règlement toutes les fois, que la question a été inscrite à l'ordre du jour.

§ 24. — Le présent Règlement entrera en vigueur après avoir été approuvé par la Commission administrative pour tout ce qui touche aux finances.

Ainsi arrêté en séance du Conseil, le 189 .

*La Présidente de l' « Union Française » :*

*La Secrétaire Générale :*

Approuvé en ce qui concerne la partie financière.

Pour la Commission administrative :

*La Présidente :*

*La Secrétaire :*

## STATUTS

de la section

# DU ** ARRONDISSEMENT DE PARIS

de

### L'UNION FRANÇAISE DES MÈRES DE FAMILLE

---

(PROJET)

### Article premier.

La « Section du ** arrondissement de Paris » de l'*Union Française des Mères de Famille* est fondée dans le but de développer le bien-être général, dans l'étendue de son ressort, conformément à l'esprit des Statuts généraux de l'*Union* et suivant les règles édictées par les dits Statuts.

Pour atteindre le but, la Section recourt à trois moyens.

1° Etude des questions sociales, plus spécialement de celles qui intéressent la femme et l'enfant, l'éducation et l'instruction ;

2° Conférences faites sur les mêmes sujets;

3° Fondations de toutes sortes qui sont de nature à faire entrer dans la pratique les théories qu'elle préconise et en particulier les institutions suivantes :

*a*) Cercles populaires où auront lieu des réunions au cours desquelles des causeries familières seront faites aux ouvriers et aux ouvrières sur les questions qui les intéressent le plus et où seront également admis, le dimanche, les soldats et les sous-officiers ;

*b*) Pensions de famille (hôtels-restaurants) dans lesquels le service sera assuré par des jeunes filles formées sous une direction intelligente aux métiers de cuisinière, femmes de chambre, lingères, etc. ;

*c*) Cours de cuisine du jour et du soir ;

*d*) Cours de science ménagère ;

*e*) Fondation de prix à décerner aux élèves qui auront suivi avec le plus de zèle et de fruit les cours institués ;

*f*) Formation d'une société de gardes-malades.

### Art. 2.

L'année comptable commence le 1er janvier et finit le 31 décembre.

### Art. 3.

Toute dame ou demoiselle âgée de dix-huit ans révolus et présentée par deux membres peut être admise dans la section. La demande doit être faite par écrit et adressée à la présidente de la section. Elle mentionne les noms, prénoms, âge, profession, domicile de la postulante. L'autorisation du père ou tuteur est indispensable à la mineure. Le bureau prononce au scrutin secret sur son admission.

La cotisation annuelle est fixée à 10 francs, payables en un seul versement, effectué dans le courant de janvier.

Art. 4.

Les sociétés et associations déjà existantes et poursuivant un but similaire ou connexe à celui de la section peuvent être admises en qualité de membres de la section, aux conditions ordinaires et à charge par leur trésorier d'acquitter directement la cotisation multipliée par le nombre des membres de leur bureau.

Ces sociétés ou associations sont représentées aux assemblées sectionnales par leur président ou présidente (art. 8, al. 2, St. gén.).

Art. 5.

Tout nouveau membre de la section reçoit de la secrétaire un diplôme constatant son titre et jouit du jour de son admission de tous les droits et privilèges attachés à sa nouvelle qualité. Il reçoit gratuitement le Bulletin de l'*Union*.

Art. 6.

Tout membre qui, nonobstant l'avis de la trésorière, n'a pas acquitté sa cotisation à la date du 1er avril, peut être déclaré démissionnaire par le bureau. Il ne peut être statué sur les autres motifs de démission que par l'assemblée sectionnale et sur la proposition du bureau ou de neuf membres au moins de l'assemblée.

Avant que l'assemblée ne soit saisie de la question, le membre intéressé doit être invité à se démettre volontairement.

Aucune démission ne sera acceptée passé le 1er janvier.

## Art. 7.

Le bureau comprend cinq membres.

Une présidente,

Deux vice-présidentes,

Une secrétaire,

Une trésorière.

Il lui est de plus adjoint quatre scrutatrices faisant fonction de comité.

## Art. 8.

Les membres du bureau et les scrutatrices sont pris dans le sein de l'assemblée sectionale et élus par elle dans sa réunion d'avril.

Le bureau est renouvelable par tiers tous les ans, d'après l'ordre établi par un tableau de roulement dressé à la suite d'un tirage au sort.

Tous les membres du bureau sont rééligibles.

Ils ne peuvent être parents au premier et au second dégré.

Dans le cas où l'accroissement du nombre des membres de la section exigerait une représentation plus grande, le chiffre des scrutatrices pourra être élevé sans jamais pouvoir dépasser vingt.

Art. 9.

Quand une vacance vient à se produire au bureau entre deux assemblées sectionnales, les membres de la section sont convoqués extraordinairement dans les deux mois à l'effet de procéder à l'élection.

Art. 10.

Le bureau représente la section dans toutes les circonstances publiques ou privées : il agit en son nom et exerce tous ses droits.

Les réunions du bureau ont lieu tous les ans et il peut être convoqué extraordinairement par la présidente aussi souvent qu'elle le juge nécessaire ou quand cinq de ses membres au moins en font la demande écrite en indiquant les questions qu'ils veulent lui soumettre.

Art. 11.

La présidente, assistée de la secrétaire ou à son défaut de tout autre membre du bureau, représente la section.

Art. 12.

La secrétaire tient le registre des procès-verbaux des réunions du bureau et des séances de l'assemblée sectionnale. Elle dresse et expédie toutes les pièces qui doivent être portées à la connaissance des membres de la section. Elle entretient également la correspondance entre la section et l'*Union*, à laquelle elle adresse les rapports et états périodiques prévus par les Statuts généraux (art. 15 et 20).

Quinze jours au moins avant l'Assemblée sectionnale d'avril, la secrétaire fournit au bureau un rapport sur la situation morale de la section. A la même époque, la trésorière fournit le compte rendu financier.

Art. 13.

La trésorière est chargée des finances de la section : elle encaisse les versements et solde les dépenses. Après la fin de l'année comptable, elle fait toutes diligences pour faire rentrer les sommes qui n'auraient pas encore été perçues.

Avant le 1er janvier, la trésorière adresse à la Caisse centrale de l'*Union* le montant de la part contributive de la section au Budget général. Cette part est établie à raison de 50 centimes par membre (art. 21 des Stat. gén.).

Aucune part contributive n'est due par la section à l'*Union* pour l'année de sa fondation (art. 21 des Stat. gén.).

### Art. 14.

Les valeurs en portefeuille et les titres de propriété concernant les immeubles de la section sont conservés dans une caisse ne pouvant s'ouvrir qu'à l'aide de deux clefs dont l'une est confiée chaque année à un membre du bureau et l'autre reste en la possession de la trésorière.

Il ne peut être disposé à un titre quelconque des valeurs que sur une décision du bureau rendue dans une séance à laquelle la moitié des membres au moins assistait.

L'aliénation des immeubles ne peut avoir lieu qu'à la suite d'un vote de l'Assemblée sectionnale.

### Art. 15.

Du premier octobre au premier avril, des conférences sont faites sous le patronage de la section. Les conférenciers comme les professeurs chargés de cours doivent être agréés par l'*Union* (art. 17 des St. gén.).

Peuvent assister à ces conférences :

*a*) Les membres de la section sur présentation de leur carte.

Chaque année, tous les membres reçoivent une carte d'invitation pour dame ; à défaut de dame, le fils ou le pupille âgé de plus de quinze ans et de moins de dix-huit ans peuvent bénéficier de cette invitation.

*b*) Les invités du conférencier au nombre de douze au plus.

## Art. 16.

Tous les membres de la section assistent aux assemblées sectionnales avec voix délibérative.

Les discussions politiques et religieuses sont interdites au sein de l'assemblée.

Les réunions de l'assemblée sectionnale ont lieu:

*a*) Dans les quatre semaines qui suivent l'envoi de l'ordre du jour de la prochaine Assemblée des Déléguées, afin de discuter les questions qui lui seront soumises et de procéder à l'élection de la Déléguée et de la Suppléante qui représenteront la section (art. 45, 46 des St. gén.).

*b*). Dans le mois qui suit l'Assemblée des Déléguées, pour prendre connaissance des solutions apportées aux questions qui ont été discutées et pour procéder à l'élection des trois membres du bureau qui doivent remplacer les trois membres sortants.

Dans cette même réunion est élue une commission permanente de cinq membres appelée à vérifier les comptes de la trésorière et à donner son avis sur toutes les propositions dont l'étude lui est confiée par le bureau.

La secrétaire donne lecture de ce rapport sur la situation morale de la section. La trésorière fournit l'état financier. Décharge lui est donnée sur l'avis conforme de la commission. Le budget est voté.

Art. 17.

Des assemblées extraordinaires ont lieu :

*a*) Quand vingt membres au moins en font la demande écrite au bureau, en indiquant les questions qu'ils veulent traiter.

*b*) Aussi souvent que le bureau le juge nécessaire dans l'intérêt de la section.

Art. 18.

Toutes les réunions de l'assemblée doivent être annoncées au moins quatre jours à l'avance par voie de circulaires adressées à chaque membre de la section individuellement.

Les convocations portent l'ordre du jour.

Au cas d'urgence dont le bureau est juge, le délai fixé ci-dessus peut être abrégé.

Art. 19.

Les décisions sont prises et les nominations sont faites à la majorité absolue des membres présents.

Sur toutes les questions, il est voté au scrutin public. Le partage entraîne le rejet de la proposition.

En matière d'élection, il est voté au scrutin secret. Si au premier tour, la majorité absolue n'est pas atteinte, il est procédé à un second tour qui a lieu au scrutin public. Si ce second tour ne donne encore aucun résultat, on passe à un troisième tour également au scrutin public ; mais les voix doivent se porter sur les deux noms qui ont réuni le plus de suffrages. S'il y a partage, il est décidé de l'élection par le sort.

Sur tout sujet, l'assemblée peut admettre le vote par acclamation.

### Art. 20.

Chaque année et avant la fin du mois d'avril, la section fait connaître à l'*Union* les changements qui se sont produits dans la composition de son bureau, ainsi que les mutations survenues parmi ses membres (art. 15 des St. gén.).

A la même époque, elle fournit au Secrétariat général de l'*Union* un rapport sur sa situation morale et financière (art. 20 des St. gén.).

### Art. 21.

Quand un cours de tournée d'enseignement a eu lieu dans le ressort de la section, le professeur rédige et signe un rapport détaillé qui, sans délai, est adressé au Secrétariat général de l'*Union* par la présidente de la section, laquelle contresigne le rapport en y insérant toutes les observations qu'elle croit devoir y faire figurer. Ce rapport indique le sommaire du cours, le nombre, l'âge, la situation sociale, le zèle dont les élèves ont fait preuve. Il est suivi du bilan des recettes et des débours et il est établi en double expédition, l'une devant être adressée sans délai à l'*Union* et l'autre classée aux archives de la section (art. 20 des St. gén.).

### Art. 22.

Sur un vote de l'assemblée, la section peut créer des établissements, instituer des fondations répondant au but qu'elle se propose et conçues dans l'esprit de l'*Union*. Ces institutions et fondations sont placées sous une administration propre et indépendante ; mais les règlements qui les régissent, doivent être votés concurremment par leur conseil d'administration et par le bureau de la section. De plus, dans le conseil d'administration, doit siéger un membre du bureau, choisi entre deux candidats présentés par la fondation elle-même.

Le conseil d'administration est maître de modifier son règlement avec l'approbation du bureau. Cette approbation ne peut lui être refusée que dans le cas où les modifications ne seraient pas conformes aux Statuts généraux de l'*Union* ou aux statuts sectionnaux.

Les membres du premier conseil d'administration sont élus par l'assemblée sectionnale; dans la suite, ils sont choisis par la fondation elle-même.

La composition du conseil doit toujours être porté à la connaissance du bureau de la section.

Les administrations des différentes fondations fournissent à la section avant le mois de septembre un rapport sur leurs travaux et leur situation financière.

## Art. 23.

Les règles édictées par l'article 22, pour l'administration des fondations créées par la section, ne s'appliquent pas à la bibliothèque propre de la section dont la gestion est confiée à un membre du bureau désigné par la commission permanente.

Le catalogue de la bibliothèque doit être tenu à jour. Chaque année, avant la fin de janvier, il est complété, rectifié et adressé à l'*Union* (Commission du bulletin).

## Art. 24.

La dissolution de la section ne peut être prononcée qu'à la majorité des voix des membres présents à l'assemblée sectionnale extraordinaire convoquée spécialement à cet effet. L'opposition de vingt membres empêche la dissolution (art. 18 des St. gén.).

Il est décidé, dans la même forme, du sort des biens, meubles et immeubles, en tenant compte, autant que possible, de leur destination première. Ces biens deviennent de plein droit la propriété de l'*Union* si, dans les six mois à compter du jour de la dissolution, il n'a pas été statué sur leur destination en faveur d'une ou de plusieurs fondations de la section (Art. 18 des St. gén.).

Art. 25.

Les présents statuts entreront en vigueur le ____________________. Ils ne pourront être revisés qu'en assemblée sectionnale extraordinaire et sur le vote des trois quarts au moins des membres présents.

Ainsi voté par l'assemblée sectionnale des membres de la Section du ** arrondissement de Paris de l'*Union Française des Mères de Famille.*

Paris, le 189 .

*La Présidente de la section :*

Approuvé sur avis conforme de la Commission du contentieux.

Paris, le 189 .

*La Présidente de l'Union Française :*

# SECTION DE BORDEAUX

de

## L'UNION FRANÇAISE DES MÈRES DE FAMILLE

---

## STATUTS

---

(PROJET)

### Article premier.

La « Section bordelaise » de l'*Union française des Mères de Famille* poursuit, dans l'étendue de son ressort, le développement de l'instruction et de l'éducation de la femme, au point de vue du rôle qu'elle est appelée à remplir comme éducatrice. Elle s'applique spécialement à développer chez la jeune fille le goût des choses du ménage et à lui inculquer les principes qui la guideront dans la direction d'une maison.

La section s'intéresse à toutes les œuvres qui se rattachent directement ou indirectement à son but. Dans cet esprit, elle fonde et patronne :

1° Des écoles normales en vue de former des institutrices de science ménagère ;

2° Des conférences populaires faites soit à Bordeaux même, soit dans les différents centres de l'arrondissement où des sections n'ont pas encore été fondées, sur la tenue du ménage et l'économie domestique ;

3° Des cours gratuits de raccommodage pour ouvrières et servantes, d'ouvrages à l'aiguille, de cuisine, de culture maraîchère.

La section se propose encore de créer :

1° Un *sailors'home* où les matelots français et étrangers trouveront, aux meilleures conditions, la nourriture et le logement pendant leur séjour dans le port ;

2° Une école de domestiques pour les jeunes filles se destinant aux métiers de cuisinière, femme de chambre, lingère, etc. ;

3° Un sanatorium fondé à Arcachon pour le rétablissement des institutrices et des ouvrières épuisées par le travail.

## Art. 2.

Toute dame ou demoiselle âgée de dix-huit ans et présentée par deux membres peut être admise dans la section. La demande écrite doit être adressée à la présidente. Elle mentionne les nom, prénoms, âge et qualités de la postulante. L'autorisation du père ou tuteur est indispensable à la mineure. Le comité est appelé à se prononcer sur l'admission à l'une de ses prochaines réunions.

La cotisation annuelle est fixée à 5 francs, payable en un seul versement effectué dans le courant de janvier.

## Art. 3.

Les sociétés ou associations déjà existantes et poursuivant un but similaire ou connexe à celui de la section peuvent être admises en qualité de membres de la section aux conditions ordinaires et à charge par leur trésorier d'acquitter directement la cotisation multipliée par le nombre des membres de leur bureau. Ces sociétés ou associations sont représentées aux assemblées sectionnales par leur président ou présidente (art. 8, al. 2, Stat. gén.).

## Art. 4.

Tout nouveau membre de la section reçoit un diplôme constatant sa qualité. A dater du jour de son admission, il reçoit gratuitement le Bulletin de l'Union et jouit de tous les droits et privilèges attachés à son nouveau titre.

## Art. 5.

Le non-paiement de la cotisation pendant deux années consécutives entraîne la démission.

Toute démission volontaire, pour pouvoir être acceptée, doit être donnée par écrit et avant le 1er janvier.

Le comité est appelé à se prononcer sur l'acceptation de la démission. Tout fait grave de nature à pouvoir justifier la radiation d'un membre des contrôles de la section doit être soumis au comité, après enquête. L'intéressé est toujours entendu et, dans le cas où le fait reproché est constant, il est invité à donner volontairement sa démission.

Art. 6.

La section est administrée par un comité de trente membres élus pour trois ans en assemblée sectionnale, dans le courant du mois de mai, et renouvelable par tiers tous les ans d'après l'ordre établi par un tableau de roulement dressé après tirage au sort.

Art. 7.

Le Bureau du comité est composé de :

1° Une présidente;
2° Quatre vice-présidentes;
3° Une secrétaire générale;
4° Deux secrétaires adjointes;
5° Une trésorière générale;
6° Deux trésorières adjointes.

Art. 8.

Les discussions politiques et religieuses sont interdites au sein du comité et de l'assemblée.

Le comité se réunit tous les mois pour procéder à l'examen des affaires courantes et statuer sur les admissions.

Il procède à l'élection de son bureau dans la première réunion qui suit l'assemblée sectionnale de mai. Les élections ont lieu au scrutin secret, à la majorité absolue aux deux premiers tours, à la majorité relative au troisième. S'il y a partage, il est décidé de l'élection par la voie du sort.

### Art. 9.

L'assemblée sectionnale se réunit deux fois par an. La première réunion a lieu dans les quatre semaines qui suivent l'envoi de l'ordre du jour de la prochaine Assemblée des Déléguées, afin de discuter les questions qui lui seront soumises et de choisir une Déléguée et une Suppléante (Art. 45 et 46 des Stat. gén.). La deuxième réunion est fixée dans le courant du mois de mai. Les membres de la section prennent alors connaissance des solutions apportées aux questions sur lesquelles l'Assemblée des Déléguées a été appelée à se prononcer. La secrétaire générale expose la situation morale de la section ; la trésorière générale fournit son rapport sur la situation financière ; décharge de sa gestion lui est donnée par l'assemblée sur l'avis conforme de la commission administrative. Le budget est voté.

Dans cette même réunion, il est procédé à l'élection de dix nouveaux membres du comité appelés à remplacer les dix membres sortants et à l'élection de trois commissions de sept membres chacune qui sont :

a) Commission administrative ;
b) Commission du local et de la bibliothèque ;
c) Commission de surveillance des fondations.

## Art. 10.

La commission administrative reçoit chaque mois le compte rendu financier de la trésorière générale. La présidente donne décharge au nom de la commission.

La commission administrative est appelée à donner son avis sur toutes les questions qui intéressent les finances de la section.

La commission du local et de la bibliothèque s'occupe des améliorations à apporter au siège social. Un de ses membres est spécialement chargé de la bibliothèque.

La commission de surveillance des fondations surveille la bonne gestion des diverses institutions fondées par la section en vue de réaliser pratiquement son programme. Il lui appartient d'étudier le rapport que les administrations de ces fondations sont tenues de fournir chaque année à la section sur leurs travaux et leur situation financière et morale.

## Art. 11.

La section est en rapport direct avec l'*Union* par l'intermédiaire du secrétariat.

La secrétaire générale adresse à l'*Union* tous les renseignements de nature à l'intéresser et lui fait parvenir les rapports et états périodiques prévus par les articles 15 et 20 des Statuts généraux.

Quinze jours au moins avant l'assemblée sectionnale de mai, la secrétaire générale fournit au comité un rapport sur la situation morale de la section. A la même époque, la trésorière générale dépose le compte rendu financier.

## Art. 12.

Tous les ans, avant le 1er janvier, la trésorière générale verse à la Caisse centrale de l'*Union* le montant de la part contributive de la section au budget général. Cette part est établie à raison de 0 fr. 50 cent. par membre. Aucune part contributive n'est due par la section à l'*Union* pour l'année de la création.

## Art. 13.

Les documents intéressant les finances de la section, les valeurs de portefeuille et titres de propriété des immeubles sont confiés à la trésorière qui en assure la sécurité dans le local même du siège de la section et sous sa responsabilité personnelle. Il ne peut être disposé des valeurs sans un vote du comité et les immeubles ne peuvent être aliénés, à un titre quelconque, sans décision préalable de l'assemblée sectionnale.

Art. 14.

Quand un cours de tournée d'enseignement a eu lieu, la présidente adresse, sans délai, à l'*Union* le rapport prévu par l'article 20 des Statuts généraux, contresigné par elle et mentionnant les observations qu'elle a cru devoir y insérer. Copie de ce rapport est déposée aux archives de la section.

Art. 15.

En dehors des réunions ordinaires du comité et de l'assemblée sectionnale, des réunions extraordinaires peuvent avoir lieu :

*a*) Toutes les fois que le bureau le juge nécessaire ;

*b*) Quand un tiers des membres du comité demande sa réunion ou quand un tiers des membres de la section réclame sa convocation.

Toute demande en vue d'obtenir la réunion extraordinaire du comité ou de l'assemblée doit être adressée à la présidente et indiquer les questions qui seront agitées.

### Art. 16.

Les convocations aux réunions du comité et aux séances de l'assemblée sectionnale sont adressées à chaque membre individuellement par les soins de la secrétaire.

### Art. 17.

La dissolution de la section ne peut être prononcée qu'à la majorité des voix des membres présents à l'assemblée sectionnale extraordinaire, convoquée à cet effet. L'opposition de vingt membres empêche la dissolution (Art. 18 des Stat. gén.).

Au cas de dissolution, tous les biens de la section deviennent de plein droit la propriété de l'*Union*, si, dans les six mois, il n'a pas été statué sur leur affectation en faveur d'une ou plusieurs fondations de la section (Art. 18 des Stat. gén.).

### Art. 18.

Les présents statuts entreront en vigueur le ____________________. Ils ne pourront être revisés qu'en assemblée sectionnale extraordinaire et sur le vote des trois quarts au moins des membres présents.

Ainsi voté en assemblée sectionnale des membres de la Section de Bordeaux de l'*Union Française des Mères de Famille.*

Bordeaux, le 189 .

*La Présidente de la section :*

Approuvé sur avis conforme de la Commission du contentieux.

Paris, le 189 .

*La Présidente de l'Union Française :*

UNION FRANÇAISE DES MÈRES DE FAMILLE

---

# INSTITUTION CAMPAN

---

## ÉCOLE NORMALE DE MÉNAGE

A Paris, ** avenue.

---

(PROJET)

PROSPECTUS

L'institution Campan forme des professeurs femmes pour l'enseignement de l'art culinaire, de la science ménagère, de la culture maraîchère et en général de toutes les connaissances qu'une femme doit posséder pour remplir dans la société moderne son rôle de maîtresse de maison et d'éducatrice.

*Conditions d'admissibilité.*

Les jeunes filles qui désirent suivre les cours de l'institution doivent justifier de l'obtention du brevet simple.

L'année scolaire commence le ______________ ______________ et finit le ______________

### *Prix de l'enseignement et de la pension.*

Le prix de l'enseignement est de 1,000 francs par an.

### *Internes et externes.*

L'institution reçoit des internes dans la limite des lits dont elle peut disposer.

Le prix de la pension, nourriture et chambre, est fixé à 35 francs par semaine. Il n'est que de 25 francs pour les élèves qui occupent une chambre à deux.

Les élèves externes peuvent prendre leurs repas à l'institution. Le déjeuner leur est compté 1 fr. 50 et le dîner 2 francs.

### *Programme de l'enseignement.*

Les différentes matières du programme sont enseignées par des professeurs ayant reçu une instruction supérieure : la pédagogie, la physique et la chimie, par un docteur ès sciences ; la médecine pratique et l'hygiène, par un docteur en médecine ; la législation et le droit usuel, par un docteur en droit ; la culture maraîchère, par un professeur de l'Institut agronomique. Les langues vivantes sont professées par des dames étrangères ayant subi avec succès, dans leur pays, les examens imposés pour cet enseignement. Un professeur de l'École des hautes études commerciales enseigne la tenue des livres. La science ménagère et l'art culinaire sont professés par des professeurs diplômés de l'*Union*.

Les classes comptent douze élèves au plus.

L'enseignement est donné d'après le programme suivant :

### 1. *Pédagogie.*

(2 heures par semaine.)

*a*) Développement physique et intellectuel de l'élève. — Principes et méthodes d'éducation.

*b*) Influence de la pédagogie générale combinée avec les travaux pratiques d'une branche d'enseignement quelconque et spécialement avec l'économie domestique.

### 2. *Physique et chimie.*

(4 heures par semaine.)

*a*) Eclairage et chauffage.

*b*) Principes de chimie : Eau. — Air. — Acides, bases et sels. — Métaux employés dans le ménage. — Poisons les plus communs. — Blanchissage. — Lavage. — Teintures.

*c*) Chimie organique : Principaux aliments et principales boissons. — Threpsiologie. — Trophologie. — Sitiologie. — Agents qui modifient les aliments. — Falsifications. — Amidons et sucres. — Graisses. — Huiles. — Résines. — Savons. —

Désinfectants. — Fermentation. — Conservation des aliments.

### 3. *Hygiène.*

(1 heure par semaine.)

*a*) Le corps humain. — Ses fonctions. — Principes de l'hygiène du corps.

*b*) Notions sur les soins à donner aux malades. — Remèdes usuels.

*c*) L'habitation : Ventilation. — Drainage. — Orientation.

*d*) Habillements hygiéniques.

### 4. *Législation.*

(1 heure par semaine.)

*a*) Lois constitutionnelles de la France, de l'Angleterre et de l'Allemagne.

*b*) Chemins de fer. — Postes. — Télégraphes. — Téléphones.

*c*) Éléments des Droits civil, pénal et commercial.

*d*) Poids et mesures.

*e*) Les impôts.

*f*) Lois et règlements sur les fraudes commerciales et les falsifications.

*g*) Règlements et arrêtés sur les incendies.

### 5. *Comptabilité.*

(2 heures par semaine.)

*a*) Tenue des livres. — Livre et comptes de caisse. — Livres de commerce. — Journal. — Grand livre. — Bilan.

*b*) Formules commerciales. — Annonces. — Certificats. — Correspondance.

c) Calcul et inscription des dépenses du ménage. — Budget domestique.

### 6. *Langue et littérature françaises.*

(3 heures par semaine.)

*a*) Rédaction des diverses correspondances de la vie courante.

*b*) Lecture et commentaire des textes des auteurs classiques.

### 7. *Langue et littérature anglaise ou allemande* (obligatoire).

### *Langue et littérature italienne ou espagnole* (facultatif).

(2 heures par semaine et par langue.)

*a*) Grammaire. — Thèmes et versions.

*b*) Lecture et commentaire des textes des auteurs classiques.

### 8. *Philosophie et esthétique.*

(2 heures par semaine.)

*a*) Notions sommaires de psychologie, de logique et de morale.

*b*) Esthétique littéraire. — Prose, poésie classique et romantique.

*c*) Esthétique artistique. — Architecture. — Sculpture. — Peinture. — Musique. — Styles, leurs origines, leurs progrès. — Différentes écoles. — La critique.

### 9. *Science ménagère.*

(1 heure par semaine.)

Théorie et travaux pratiques.

Viande : bouillis, rôtis, daubes, salaisons et marinades. — Poissons : poissons de mer et poissons d'eau douce. — Volailles et gibiers : différentes manières de les accommoder. — Mets à la farine, au lait et aux œufs : leurs préparations. — Légumes : légumes verts, navets, plantes légumineuses. — Entremets : puddings, crèmes, glaces ; pâtes diverses et leur emploi. — Fruits : conservation, sirops, marmelades, gelées.

*b*) Blanchissage et séchage. — Divers procédés de lessiver le linge. — Repassage.

*c*) Nettoyage de la maison. — Carreaux. —

Vitres et glaces. — Parquets en sapin et parquets en bois dur. — Corridors. — Escaliers. — Batterie de cuisine et ustensiles divers.

### 10. *Culture maraîchère. — Botanique.*

(2 heures par semaine.)

*a*) Jardin potager : son importance au point de vue de la santé et de son utilité domestique. Situation. Choix du terrain. Son exposition au soleil et à l'abri du vent du nord.

*b*) Labours et préparations : utilisation des cendres, conservation des feuilles. Arrosage et drains. Symétrie, ordre et propreté du jardin. Sarclage. Couches économiques et châssis.

*c*) Les semis : qualités, manière de les constater, avantages de la finesse et de la petitesse de la graine, ensemencement et récolte, conservation et persistance du germe, époques des semences et des repiquages.

*d*) Plantes comestibles et plantes médicinales. Fleurs d'ornement émollientes (coquelicot, violette odorante), — stimulantes (capucines), — sudorifiques (le souci), — soporifiques (le pavot).

*e*) Arbres fruitiers et arbres d'ornement. Espaliers, etc.

*f*) Insectes nuisibles.

*g*) Poules et lapins. Avantages pécuniaires qu'offre l'élevage. Soins à donner à la basse-cour et au clapier.

### 11. *Travaux à l'aiguille.*

(2 heures par semaine.)

*a*) Tricotage. Instructions sur les différentes mailles et points, reprisage, raccommodages des bas et chaussettes. Robes d'enfants, tricots.

*b*) Ourler, coudre, repriser le linge blanc. Tissage d'après des modèles ; tapisserie ; fabrication des tissus simples.

*c*) Préparation du linge de corps : chemises de jour, chemises de nuit, camisoles, pantalons, tabliers, jupons, chemises à plastron.

### *Examens et diplômes* (1).

Pour se voir délivrer le *Diplôme de Professeur de l'Union française*, les élèves devront avoir obtenu à l'examen la note moyenne de *cinq* pour chaque branche de l'enseigement, les notes allant de 1 (mal) à 10 (très bien).

L'examen comprend une partie écrite et une partie orale. Il n'est jamais subi devant les professeurs de l'Institution et les examinateurs pour l'oral ne sont pas les mêmes que pour l'écrit. Leurs noms ne sont jamais connus à l'avance des candidats.

Les candidats qui, au résultat de l'examen, au-

---

(1) *Annexes*, pages 284 et 290.

ront obtenu les meilleures notes seront nommés *Professeurs de tournée d'enseignement.*

Le nombre en est fixé avant l'ouverture de la session d'examen par le Conseil central.

Pour être recommandée par l'*Union* comme professeur dans une école dépendant ou non de l'*Union* ou d'une section, il faut posséder le *Diplôme de capacité* et avoir obtenu au moins le chiffre *huit* comme note dans la matière qu'on se propose de professer.

Paris, le 189 .

Pour le Conseil d'administration :

*La Présidente :*

Pour la Commission d'enseignement et d'éducation.

*La Présidente :*

# UNION FRANÇAISE DES MÈRES DE FAMILLE

## TOURNÉES D'ENSEIGNEMENT

(PROJET)

### RÈGLEMENT

Article premier.

Le Conseil central de l'*Union* peut, sur l'avis conforme de la Commission d'enseignement et d'éducation (Art. 57 des St. gén., § 18 Règl. int.), entreprendre des *tournées d'enseignement* dans le but d'encourager la création de sections nouvelles et de cours fixes.

Art. 2.

Le programme des cours professés dans les tournées d'enseignement comprend :

1° Science ménagère : ménage et cuisine, manière de dresser une table et de mettre le couvert, blanchissage et travaux à l'aiguille ;

2° Hygiène et soins à donner aux malades ;

3° Tenue des livres ;

4° Notions élémentaires de droit civil. Etude spéciale des dispositions du Code qui intéressent la femme.

Enfin, dans les communes rurales, cet enseignement est complété par des leçons sur la culture maraîchère et l'élevage de la volaille.

### Art. 3.

Les règles suivantes s'appliquent à ces cours temporaires :

a) Le professeur, d'accord avec la Commission d'enseignement, arrête avant le commencement de la tournée le programme et la division des cours par semaine. Les différentes branches de l'enseignement ne reçoivent que les développements que comporte leur importance respective réelle. Le professeur a soin de dresser pour lui-même un plan détaillé de son enseignement par semaine ou même par jour. Il tient régulièrement un *Journal de classe* où il indique la manière dont la leçon a été faite et les modifications qu'il a été amené à introduire dans son enseignement.

b) Les cours durent trois ou six semaines. Ils ont lieu depuis 8 h. 1/2 du matin jusqu'après le dîner du soir. Les élèves ne sont libres qu'après avoir mis tout en ordre.

c) La leçon théorique dure une heure au plus. Elle est divisée en trois parties : un quart d'heure est consacré aux interrogations sur le sujet traité dans la dernière leçon, une demi-heure à la leçon du jour et un quart d'heure au résumé de cette leçon et aux interrogations.

*d*) Les élèves doivent avoir accompli leur dix-septième année. Les femmes mariées et les aînées de famille sont admises avant toutes autres.

*e*) Le nombre des élèves ne doit pas dépasser seize par classe, si le professeur est seul, et vingt-quatre s'il est assisté d'une sous-institutrice.

*f*) Le prix de l'instruction, fixé en raison de *un franc* par cours, est intégralement versé entre les mains du professeur avant le commencement du cours.

*g*) Pour les cours populaires, il sera tenu compte pour la composition des menus des productions de la contrée, afin de mettre les élèves à même d'apprendre à préparer et à apprécier les aliments peu coûteux et cependant nutritifs fournis par le pays lui-même.

*h*) Les visites de nature à distraire l'attention des élèves sont interdites.

*i*) Afin de consacrer plus de temps à l'enseignement oral et aux travaux pratiques, les recettes ne seront pas dictées. Les plus courantes seront distribuées sous forme d'imprimés. Leur nombre sera aussi restreint que possible et elles seront rédigées en des formules claires et simples.

*j*) Les élèves sont tenues d'avoir le livre de ménage recommandé par la Commission d'enseignement. Elles peuvent l'acheter au professeur au prix coûtant.

*k*) L'usage de la *caisse scandinave* (remplie de foin ou de sciure) et de la *boîte chaude suisse* (invention de Mme Suzanne Miellé), (Art. 14), sera enseigné aux élèves.

Art. 4.

En principe, les *cours de tournée d'enseignement* n'ont lieu que dans les communes où, à la suite de conférences faites sous le patronage de l'*Union*, il est constaté que le besoin d'instruire se fait sentir (Art. 17, St. gén.). Cependant, tout comité local, toute section formée ou en formation et même tout particulier, peut demander à l'*Union* (Commission d'enseignement et d'éducation) l'envoi d'un professeur en vue d'organiser des cours temporaires. En pareil cas, le postulant est tenu de se soumettre aux dispositions du présent règlement. Autant que possible, l'*Union* fait droit à cette demande.

Art. 5.

Avant d'ouvrir sur son initiative propre un *cours de tournée d'enseignement* dans une commune, l'*Union* s'assurera qu'elle peut y trouver un nombre d'élèves suffisant et au moins six. A cet effet, elle demandera tous renseignements à une personne habitant la commune, connue pour ses relations et son influence morale et qui sera à même d'éclairer le professeur sur les mesures à prendre.

Art. 6.

Dans le cas où un *cours de tournée d'enseignement* est entrepris en dehors de l'initiative propre de l'*Union*, la personne ou le comité qui l'a demandé en supporte les frais.

Le prix du voyage, calculé pour l'aller et le retour depuis la commune où le professeur a fait son dernier cours, et le coût de l'expédition des ustensiles : fourneaux, batterie de cuisine, *caisse scandinave, boîte chaude suisse*, sont adressés au professeur deux jours au moins avant sa mise en route.

Les frais de séjour fixés par le professeur d'un commun accord avec le comité et les sommes dues à titre d'indemnité pour dégradations ou toute autre cause, sont versés entre les mains du professeur qui en donne décharge, vingt-quatre heures au moins avant l'examen de fin d'études.

Tous ces frais sont portés sur le compte spécial de chaque cours.

Art. 7.

Les professeurs chargés de *tournées d'enseignement* sont choisis par le Conseil central parmi les lauréats de l'école normale de l'*Union* sur l'avis conforme de la Commission d'enseignement et d'éducation. Cette Commission dresse le devis des frais nécessités par la tournée et le soumet à l'approbation de la Commission administrative qui provoque le vote du Conseil central (§ 16, Règl. int.).

### Art. 8.

Dans le cas où la Commission d'enseignement craindrait qu'en raison de son inexpérience ou pour tout autre motif, un professeur ne fût inférieur à la mission qui lui est confiée, le Conseil pourra décider qu'un de ses membres lui sera adjoint pour le seconder dans son enseignement.

### Art. 9.

Sous réserve de l'approbation de la Commission administrative et de la ratification du Conseil central, la Commission d'enseignement fixe le montant des honoraires du professeur (§ 17, Règl. int.) et le montant de l'indemnité de séjour à lui allouée. Elle arrête également les dates d'ouverture et de clôture des différents cours et en donne un programme détaillé dont le professeur ne peut s'écarter, sous peine d'être rappelé et suspendu par le Conseil (Art. 3).

### Art. 10.

Un compte spécial est ouvert pour chaque tournée d'enseignement. Au débit figurent la somme fixée par le Conseil pour la tournée et celles que l'*Union* recevra pour les cours demandés. Au crédit sont portés les frais de voyage et de logement du professeur, ses honoraires et, d'une façon générale, toutes les dépenses nécessitées par la tournée. Le solde débiteur ou créditeur est porté sur les livres de l'*Union*.

## Art. 11.

Avant son départ, le professeur reçoit de l'*Union* un livre spécial dans lequel il ouvre un compte pour chaque cours, mentionnant les recettes et les dépenses auxquelles il a donné lieu. Le combustible, les produits et denrées nécessaires, qui doivent être fournis soit par la personne qui a demandé le cours, soit par toute autre personne s'intéressant à cet enseignement, figureront au compte des dépenses aux prix fixés par les mercuriales. Dans le cas où la section ou la personne qui a demandé le cours désirerait faire donner l'enseignement gratuit à une ou plusieurs personnes, le prix de l'instruction n'en serait pas moins versé au professeur, qui le ferait figurer au débit du compte. Il en serait de même pour la fourniture des livres, cahiers, etc., qu'on désirerait ne pas faire payer à l'élève.

En vue d'obtenir la fréquentation régulière des cours, des *inscriptions* devront être prises et fig reront au chapitre des recettes. Après la fin du cours, la section ou toute personne s'intéressant à une élève pourra rembourser à cette élève le montant de ses frais d'inscription. Les élèves les mieux classées à la suite de l'examen de fin d'études seront exonérées de leurs frais d'inscription.

Les dépenses fictives pour le professeur seront contre-balancées dans le bilan du cours par des sommes équivalentes portées aux recettes.

### Art. 12.

Le professeur peut, sur la demande écrite de la personne ou du comité qui a provoqué la tournée d'enseignement, ouvrir des *cours d'enfants* pour les élèves âgées de moins de dix-sept ans et traiter dans des réunions du soir des sujets d'économie domestique. Dans les mêmes conditions, il est autorisé à exécuter des commandes pour la ville et à préparer des repas pour les hôpitaux, hospices, maisons de retraite pour les vieillards, etc. Les appoints supplémentaires qui lui seront versés de ces différents chefs seront portés par lui au compte du cours; mais, dans le cas où les professeurs auraient fondé une caisse de retraite, la moitié du bénéfice serait versé à cette caisse.

Ces travaux exceptionnels devront être faits en dehors du temps consacré aux cours réguliers en vue desquels la tournée est faite, et sans que jamais l'enseignement puisse s'en ressentir.

### Art. 13.

La personne (ou le comité) qui a provoqué la

tournée doit mettre à la disposition du professeur des salles pour l'enseignement. Dans le cas où elle voudrait admettre quelques élèves comme internes, elle devra aviser à ce qu'un dortoir convenable soit établi et soit muni de toilettes, tables, armoires, nécessaires. Une chambre à coucher bien aménagée sera réservée au professeur.

## Art. 14.

Le professeur est tenu, si la demande lui en est faite, d'apporter avec lui un fourneau, une *caisse scandinave* et une *boîte chaude suisse*. Dans le cas où, après la clôture du cours, la réexpédition de ces ustensiles ne serait pas urgente, le professeur pourra demander à ce qu'ils soient déposés en un endroit sûr, afin d'éviter des frais de transport inutiles.

## Art. 15.

Deux jours au moins avant l'ouverture du cours, le professeur arrive dans la commune pour s'assurer si toutes les mesures ont été prises et se renseigner sur les habitudes locales, les produits du pays et le degré d'instruction des élèves.

Il tiendra compte de tous ces renseignements pour son enseignement. Pour maintenir l'ordre pendant le cours, le professeur est secondé, s'il y a lieu, par un membre du comité ou par la personne qui a demandé le cours.

## Art. 16.

A la fin du cours, le professeur fait passer devant des invitées compétentes un examen de fin d'études. Il remet à celles des élèves qui ont régulièrement suivi son enseignement, des *Certificats d'instruction* constatant leurs aptitudes.

Les parents et les amis des élèves peuvent assister à ces examens s'ils en manifestent le désir.

A Paris, le 189 .

Pour la Commission d'enseignement et d'éducation :

*La Présidente :*

Approuvé par la Commission administrative.

*La Présidente :*

Pour le Conseil central :

*La Présidente de l'Union Française :*

UNION FRANÇAISE DES MÈRES DE FAMILLE

# CERTIFICATS ET DIPLOMES

## RÈGLEMENT

### § 1er.

En se conformant aux prescriptions suivantes, l'*Union* et les *sections* peuvent décerner le *Diplôme de capacité* aux élèves de leurs écoles, ainsi qu'à toute autre personne.

Les *Certificats d'instruction* sont octroyés par les directrices ou les conseils d'administration des diverses écoles ou institutions à leurs propres élèves. Ils peuvent également être donnés par les professeurs de cours de tournée d'enseignement.

### § 2.

Le *Certificat d'instruction* ne peut jamais être refusé à l'élève qui a régulièrement suivi le cours pour lequel elle s'est fait inscrire ou celui d'une tournée d'enseignement.

Le certificat mentionne les nom, prénoms, âge, qualité et domicile de l'élève, le genre de cours suivi. Il indique le nombre des leçons, la date de la première et de la dernière, le degré d'instruction de la titulaire. Il est daté et signé de la main du professeur de tournée d'enseignement, ou de la directrice de l'école et de la présidente du conseil d'administration ou de l'une de ces deux dames.

§ 3.

Le *Diplôme de capacité* est décerné aux élèves âgées de vingt ans accomplis, qui ont suivi régulièrement pendant un an les cours professés sur l'enseignement en vue duquel elles se préparent à subir les épreuves prescrites. Elles doivent avoir déjà le certificat d'instruction et obtenir au moins la note *huit* à l'examen.

Les diplômées ont seules le droit de professer l'enseignement de la matière portée sur leur diplôme.

Pour être recommandée par l'*Union* comme professeur dans une école, institution ou pensionnat relevant ou non de l'*Union* ou de l'une de ses sections, il faut de plus acquérir le grade de *professeur de l'Union française.* Ce grade est octroyé à la suite d'un examen subi, soit à l'*École Campan*, soit devant un jury d'examinateurs approuvé par l'*Union*, réuni au chef-lieu du département et fonctionnant suivant les mêmes règles que celles établies pour l'*École Campan.*

## § 4.

L'examen pour le *Diplôme de capacité* comprend une partie écrite et une partie orale.

Les compositions écrites ne portent pas le nom des candidats, mais seulement un chiffre. Seule la présidente du jury de l'oral sait à quels noms se rapportent les chiffres. Par ses soins, ces compositions sont envoyées à l'*Union* (*Commission d'enseignement et d'éducation*) qui charge de leur correction le jury d'examen oral d'une autre section.

Les épreuves orales sont subies devant un jury de six membres. Deux examinatrices sont prises dans le comité de la section, deux dans le corps enseignant de la section ou de l'*Union*, deux parmi les mères de famille réputées pour l'autorité et la sagesse avec lesquelles elles mènent leur ménage.

Les nominations en vue de constituer le jury sont faites en assemblée sectionnale, sur proposition du comité, qui présente quatre candidats pour chaque espèce d'examinatrices.

Le jury est présidé par la présidente de la section ; mais elle peut se faire suppléer par celui des deux membres du comité nommés membres du jury qui est le plus ancien comme membre actif de l'*Union*.

En dehors de ses attributions propres, le jury d'examen oral est chargé de la correction des compositions écrites d'une autre section et qui lui sont transmises à cet effet directement par l'*Union*. (*Commission d'enseignement et d'éducation*).

§ 5.

Le jury se réunit, de préférence, en juin ou en juillet. Dès sa constitution, il nomme une secrétaire, fixe la date à laquelle commenceront les examens et la porte à la connaissance des candidats inscrits, quinze jours au moins avant l'ouverture de la session. Après les examens, il dresse un rapport détaillé sur ses travaux. Ce rapport, signé de la présidente et de la secrétaire, est établi en double exemplaire ; l'un est adressé à l'*Union* (*Secrétariat général*), l'autre est classé aux archives de la section.

§ 6.

Sur chaque matière, la décision du jury est rendue à la majorité des voix. Les questions sont posées, à tour de rôle, d'après un programme arrêté au moins un an à l'avance et approuvé par l'*Union* (1).

---

(1) Les écoles réunies d'Amsterdam, de La Haye et de Rotterdam fixèrent le programme d'examen, pour l'obtention du diplôme de professeur d'art culinaire, de la manière suivante :

A. — *Théorie*.

1° Composition écrite sur un sujet arrêté par le jury et

§ 7.

La délivrance du *Diplôme de capacité* donne lieu à la perception d'un droit de 10 francs pour les élèves qui ont reçu l'instruction dans une des écoles de la section; mais ces élèves sont exonérées du droit d'inscription fixé à 15 francs qui n'est dû que par les candidats non élèves des écoles de la section.

§ 8.

Le *Diplôme de capacité* mentionne les nom, prénoms, âge, qualité et domicile de la titulaire. Il indique la matière sur laquelle elle a été

---

portant sur les matières enseignées dans les écoles de cuisine. Cette composition servira en même temps pour juger le style et l'orthographe.

2° Traiter les difficultés qui peuvent se présenter au cours de la confection des plats.

3° Principes touchant la qualité des denrées et aliments, leur valeur nutritive, leur digestion.

4° Donner des recettes, rédiger des menus.

B. — *Pratique.*

1° Préparer quelques plats déterminés, les dresser. Calculer leur prix de revient (on jugera avec soin si le candidat agit avec économie et raisonnement).

2° Faire une leçon et diriger les travaux pratiques d'une classe.

3° Falsifications les plus courantes. Moyens de les reconnaître.

4° Juger de la qualité des ustensiles de cuisine. Manière de les entretenir.

examinée, le lieu où l'examen a été passé. Il est daté et signé de la présidente du jury d'examen et de la secrétaire.

A Paris, le 189 .

Pour la Commission d'enseignement et d'éducation :

*La Présidente de la section :*

Pour le Conseil central :

*La Présidente de l'Union :*

UNION FRANÇAISE DES MÈRES DE FAMILLE

**Section de Bordeaux.**

---

# INSTITUTION ERNESTINE WIRTH

---

École de cuisine et de ménage.

---

(PROJET)

PROSPECTUS (1)

L'Ecole de cuisine et de ménage Ernestine Wirth a pour but :

1° De donner aux jeunes filles l'enseignement que toute femme doit posséder pour diriger sa propre maison ou celle d'autrui.

2° De former des professeurs aptes à enseigner la théorie et la pratique de la science ménagère dans les écoles primaires.

3° D'apprendre aux domestiques la cuisine, le blanchissage et le repassage.

---

(1) D'après le prospectus de l'École de ménage, à Amsterdam.

4° D'inculquer aux enfants de l'école primaire les principes de la cuisine bourgeoise, de l'hygiène, de l'économie domestique, dans la mesure où elles auraient à les mettre en pratique.

L'École reçoit des internes.

*Elèves-internes.*

Ces élèves doivent avoir accompli leur dix-huitième année. Elles sont tenues de fournir des certificats ou titres constatant qu'elles possèdent une instruction primaire suffisante. De plus elles doivent produire un certificat médical délivré par un médecin et attestant qu'elles jouissent d'une bonne santé.

Le prix de l'internat est de 1,200 francs payables par trimestre et d'avance.

On s'engage à suivre les cours pendant toute la durée de l'année scolaire qui commence le 1er mars et finit le 31 avril.

Les cours commencent le 1er septembre et finissent le 15 juillet. Les vacances de Noël sont données du 23 décembre au 3 janvier. Les congés de Pâques comprennent la semaine sainte et la semaine qui suit Pâques.

Sur la proposition de la directrice, le conseil d'administration peut octroyer un certificat d'instruction à l'élève qui a suivi les cours à l'entière satisfaction de ses professeurs, tant au point de vue de sa conduite que de l'instruction qu'elle en a retiré (1).

Le diplôme de capacité ne s'obtient qu'après examen ; il est décerné par la Section de Bordeaux elle-même.

Les élèves peuvent, avec l'autorisation de la directrice, prendre des leçons de musique et de langues étrangères pendant l'intervalle des cours réguliers et à leurs propres frais.

### *Elèves-externes.*

#### *a) Cours.*

(Tous les jours, de 9 heures à 4 h. 1/2.)

Le prix de l'externat est de 600 francs pour l'année scolaire ;

Les cours d'externat sont les mêmes que ceux qui sont faits aux internes. Les externes qui les suivent sont soumises aux mêmes règles que les pensionnaires.

#### *b) Cours de cuisine pour les jeunes filles.*

Douze élèves par cours. — Trois groupes par semaine :

Premier groupe : le lundi et le jeudi ; de 9 h. 1/2 à midi.

---

(1) *Annexes*, pages 266 et 278.

Deuxième groupe : le mardi et le vendredi; de 9 h. 1/2 à midi.

Troisième groupe : le mercredi et le samedi : de 9 h. 1/2 à midi.

100 francs par cours de quatre mois.

Les élèves qui habitent la banlieue ou la campagne sont autorisées à prendre des inscriptions mensuelles. Le prix est alors de 30 francs par cours d'un mois.

Les cours de cuisine pour jeunes filles sont divisés en trois, savoir :

Premier cours : du 1er septembre jusqu'aux vacances de Noël.

Deuxième cours : du 1er janvier jusqu'au 1er mai.

Troisième cours : du 1er mai jusqu'au 1er juillet.

*c) Cours de cuisine pour dames mariées.*

(Les après-midi du lundi, de 2 à 4 heures.)

Prix : 15 francs par mois.

*d) Cours de cuisine pour domestiques.*

(Tous les mercredis soir, de 7 h. 1/2 à 10 heures.)

Douze élèves par cours.

Prix : 4 francs par mois.

Les élèves qui suivent ces cours et qui désirent obtenir un certificat d'instruction doivent avoir suivi cet enseignement pendant au moins une année entière.

### e) *Cours pour les enfants.*

(Tous les mercredis, de 2 à 4 heures.)

Trente-six élèves par cours.
Prix : 5 francs par mois.

Les élèves doivent être âgées de douze ans accomplis. Il leur est permis de manger ce qu'elles ont préparé. Le programme comprend l'enseignement des travaux de cuisine, le blanchissage et les divers travaux du ménage ainsi que les notions d'hygiène et les soins à donner aux malades.

Ce cours dure au moins un an.

### f) *Cours de cuisine végétarienne.*

(Les après-midi du lundi, de 2 à 4 heures.)

Prix : 12 francs par mois.

### g) *Cours pour les professeurs.*

(Les vendredis soir, de 7 h. 1/2 à 10 heures.)

Prix : 32 francs par cours de quatre mois.

### h) *Cours de cuisson pour la préparation des aliments destinés aux malades et aux convalescents.*

(Les samedis, de 2 à 4 heures.)

Prix : 8 francs par mois pour les garde-malades de profession;

12 francs pour les dames amateurs.

### *i) Cours pour les professeurs d'économie domestique.*

(Les vendredis soir, de 7 h. 1/2 à 9 h. 1/2.)

Cinq francs par mois, douze élèves par cours.

### *j) Cours pour les professeurs d'école de cuisine.*

Les élèves qui désirent obtenir le *Diplôme de capacité* comme professeur d'art culinaire doivent avoir suivi un cours de cuisine pendant quatre mois et avoir le certificat d'instruction avant de pouvoir se faire inscrire comme candidats. Elles subissent l'examen après avoir assisté régulièrement, pendant un an, aux leçons données à l'école et avoir profité des instructions sur l'hygiène qui sont faites une fois par semaine. De plus, elle doivent avoir appris à donner l'instruction théorique et pratique et avoir accompli leur vingtième année.

Prix du cours : 100 francs par an. Le cours dure toute l'année scolaire. Les élèves ne peuvent prendre leur inscription qu'au mois de septembre seulement.

### *k) Cours de blanchissage et de repassage pour jeunes filles.*

(Les mardis et jeudis, de 2 à 4 heures.)

Dix élèves par cours.

Prix : 20 francs par mois; 70 francs pour quatre mois.

*l) Cours de repassage pour domestiques.*

(Les vendredis soir, de 7 h. 1/2 à 9 h. 1/2.)

Dix élèves par cours.
Prix : 4 francs par mois.

*m) Cours de blanchissage de flanelle, laine, vitrages, dentelles, etc.*

(Les mardis matin, de 10 heures à midi.)

Prix : 10 francs par mois.

*n) Cours sur les différents travaux du ménage.*

(Les mardis et jeudis, de 2 à 4 heures.)

Prix : 50 francs par cours trimestriel.

*o) Cours de pansements et soins à donner aux malades.*

(Les jours et heures en seront fixés ultérieurement.)

Prix : 30 francs par mois.

*p) Cours de comptabilité ménagère.*

(Les jours et heures en seront fixés ultérieurement.)

Prix : 30 francs par mois.

*q) Cours de physique et de chimie appliquées à la cuisine.*

(Le vendredi, de 2 h. à 3 heures.)

Prix : 20 francs par cours de neuf mois pour les candidats au diplôme et 30 francs pour les autres élèves.

*r) Cours de raccommodage et de coupe.*

(Tous les jours, de 10 heures à midi.)

Prix : 50 francs par cours de quatre mois.

*s) Cours pour la formation de domestiques et lingères.*

(Tous les jours, de 10 heures à midi, ou de 2 à 4 heures.)

Prix : 8 francs par cours de quatre mois.

*t) Cours pour la formation de domestiques.*

(Tous les jours, de 9 heures à 4 heures.)

Prix : 8 francs par cours de huit mois.

Les élèves doivent avoir treize ans accomplis et présenter un certificat émanant du directeur ou de la directrice de l'école qu'elles ont fréquentée, et, à défaut, être recommandées par une personne connue de la directrice ou d'un membre du conseil d'administration.

Les élèves inscrites pour un cours sont toujours tenues de payer le prix du mois, qu'elles suivent ou non le cours.

*Visite de l'école.*

Le public est admis à visiter l'école tous les mercredis, de deux à quatre heures.

Bordeaux, le 189 .

Pour le Conseil d'Administration :

*La Présidente :*

Pour la Commission de surveillance des fondations :

*La Présidente :*

## REGLEMENT

pour les

ÉLÈVES-INTERNES

de

l'Ecole de Cuisine et de Ménage de Bordeaux

## ERNESTINE WIRTH

---

(PROJET)

### Article premier.

Les élèves doivent avoir dix-sept ans accomplis et fournir un certificat médical constatant qu'elles jouissent d'une bonne santé. Elles doivent avoir leur certificat d'études.

### Art. 2.

Les élèves sont tenues de fournir leur couvert et quatre vêtements de coton pour les travaux auxquels elles se livreront dans la maison.

Elles doivent de plus apporter 6 tabliers blancs, 6 paires de fausses manches blanches, 6 paires de poignées en laine blanche, 4 bonnets blancs ; le tout marqué à leur chiffre. De plus, elles doivent être pourvues de l'argent nécessaire pour faire face à leurs frais de correspondance, de voyage, etc.

Art. 3.

Les objets cassés ou détériorés par la faute des élèves sont remplacés ou réparés à leurs frais.

Art. 4.

Les élèves ne reçoivent aucune visite dans la semaine, il leur est permis de sortir le dimanche avec l'autorisation de la Directrice. Elle doivent demander cette autorisation par écrit avant le vendredi. Les jours de sortie, elles sont ramenées le soir à l'école sous la conduite d'une institutrice, en voiture et à leurs frais.

Art. 5.

Sur rapport de la Directrice, le Conseil d'administration peut renvoyer les élèves qui, en raison de leur état de santé ou de leur mauvaise conduite, seraient d'un voisinage ou d'un exemple dangereux pour leurs condisciples. En pareil cas, le prix de la pension payée n'est pas remboursé.

Art. 6.

Les élèves doivent obéir aux ordres de la Directrice et de ses préposées. Si l'absence d'une élève a été motivée par une raison légitime, le Conseil peut, sur la proposition de la Directrice, lui octroyer le *certificat d'instruction*, si d'ailleurs ses capacités et sa conduite sont satisfaisantes.

Pour obtenir le *diplôme de capacité*, l'élève doit avoir suivi les cours pendant deux ans et avoir obtenu à la fin de la première année, le *certificat* exigé.

## Art. 7.

Les cours commencent le premier septembre. Les vacances ont lieu du 15 juillet à la fin août; les congés de Noël se prennent du 23 décembre au 3 janvier et ceux de Pâques pendant la semaine sainte.

Le prix de la pension pour l'année, comprenant le logement, la nourriture, le blanchissage, l'enseignement du ménage et les diverses instructions qui s'y rattachent est de 1,200 francs par an, soit 300 francs par trimestre, payables d'avance (1). On s'engage pour un an. Si, après son inscription, l'élève, pour un motif ou pour un autre, renonce à l'enseignement, l'école a droit à une indemnité de 150 francs. Il est payé pour les répétitions une somme en sus. Ces répétitions ne peuvent être

(1) Les étrennes allouées aux domestiques sont fixées à 10 francs, qui sont payés par les élèves. La location du piano se monte à 10 francs. Elle est à la charge des élèves qui profitent de cet instrument.

prises qu'à l'école. Les frais de maladie, médecin et pharmacien, ne sont pas compris dans le prix de la pension.

Les leçons qui sont données aux internes peuvent être suivies par des externes, moyennant paiement de 125 francs par mois. Dans ce prix est compris la nourriture, mais non le blanchissage et le cours de cuisine.

Bordeaux, le 189 .

Pour le Conseil d'Administration :

*La Présidente :*

Approuvé par la Commission de surveillance des fondations :

*La Présidente :*

## RÈGLEMENT

pour les

ÉLÈVES-EXTERNES

de

l'École de Cuisine et de Ménage de Bordeaux

# ERNESTINE WIRTH

---

(PROJET)

### Article premier.

Les élèves doivent être âgées de dix-sept ans accomplis, produire un certificat médical constatant qu'elles jouissent d'une bonne santé et justifier de l'obtention de leur certificat d'études.

### Art. 2.

Les élèves doivent avoir, pour se livrer à leurs travaux : des vêtements de coton, un tablier blanc, un bonnet blanc, de fausses manches blanches et des poignées en laine blanche.

### Art. 3.

Les leçons ont lieu de neuf heures à midi et demi et de deux heures à quatre heures et demi. Les élèves qui ne peuvent assister à une ou plusieurs leçons sont priées d'en aviser par avance la Directrice.

Les jeunes filles ne peuvent quitter l'école avant d'avoir terminé leur ouvrage.

Art. 4.

Les externes suivent tous les cours des internes.

Art. 5.

Les élèves ne peuvent recevoir de visite à l'école.

Art. 6.

Les dégradations et détériorations commises par les élèves sont à leur charge.

Art. 7.

Sur rapport de la Directrice, le Conseil d'administration peut renvoyer les élèves qui, en raison de leur état de santé ou de leur mauvaise conduite, seraient d'un voisinage dangereux ou d'un exemple pernicieux pour leurs condisciples.

Art. 8.

Les élèves doivent se soumettre aux règles imposées par la Directrice et ses préposées. Si l'absence d'une élève a été motivée par une raison légitime, le Conseil peut, sur la proposition de la Directrice, lui octroyer le *certificat d'instruction*, si d'ailleurs ses capacités sont suffisantes et sa conduite satisfaisante. Pour obtenir le *diplôme de capacité*, l'élève doit avoir suivi les cours pendant deux ans et posséder le certificat d'instruction.

Art. 9.

Le prix de l'enseignement est de 600 francs payables par trimestre et d'avance. On se fait inscrire pour une année. Si, après avoir pris son inscription, l'élève, pour un motif ou pour un autre, renonce à suivre les cours, l'école a droit à une indemnité de 150 francs.

Art. 10.

Les étrennes des domestiques fixées à 50 francs, sont à la charge de l'élève.

Bordeaux, le 189 .

Pour le Conseil d'Administration :

*La Présidente :*

Approuvé par la Commission de surveillance des fondations.

*La Présidente :*

## RÈGLEMENT

pour les

ÉLÈVES DE LA CLASSE DE CUISINE

de

l'École de Cuisine et de Ménage de Bordeaux

# ERNESTINE WIRTH

---

(PROJET)

### Article premier.

A chaque cours de cuisine assistent six élèves au moins et douze au plus.

Elles apportent un tablier, des fausses manches, un bonnet, des poignées en laine (1) et une chaîne à laquelle sont attachées une cuillère et une fourchette émaillées, un couteau, un carnet et un crayon.

Ces différents effets peuvent être laissés à l'école dans un panier portant le nom et l'adresse de l'élève.

---

(1) Suspendues au cou par un cordon et servant à manipuler les ustensiles.

## Art. 2.

Toute personne qui se fait inscrire à un cours, est invitée à devenir membre de la section de Bordeaux.

La cotisation et le prix de l'enseignement sont versés au commencement du cours.

Le droit au cours est perdu et l'élève n'en doit pas moins payer le prix de l'enseignement pour un an, si elle n'a pas fait parvenir son inscription à la Directrice ou au Conseil d'administration, avant la date fixée ci-dessous.

## Art. 3.

Les élèves peuvent acheter les plats, préparés par elles, au prix de revient majoré de 10 0/0.

Elles paient les plats qu'elles n'ont pas réussi.

## Art. 4.

Les élèves travaillent d'après un menu composé d'avance. Les deux derniers mois du cours, elles sont autorisées à s'écarter du menu. A ce moment, après avis préalable donné à l'institutrice, les élèves peuvent préparer des plats pour leur propre compte.

Elles sont tenues de laver les ustensiles dont elles se sont servies et de laisser la cuisine propre.

Art. 5.

Les élèves qui ne pourraient assister à une ou plusieurs leçons sont priées d'en aviser par avance la directrice. Les leçons auxquelles on n'a pas assisté ne sont pas déduites.

Art. 6.

Les élèves doivent suivre attentivement les leçons et garder le silence de façon à ne pas troubler la directrice dans son enseignement.

Pour le Conseil d'Administration :

*La Présidente :*

Pour la commission de surveillance des fondations.

*La Présidente :*

---

*Les cours commencent le____________________*

---

☞ *On est prié de se faire inscrire avant le________________________________________*

UNION FRANÇAISE DES MÈRES DE FAMILLE

---

## SECTION D'ÉTRETAT (Seine-Inférieure).

---

# INSTITUTION VALETTE

pour

JEUNES FILLES FRANÇAISES ET ÉTRANGÈRES

---

(PROJET)

PROSPECTUS (1)

1° L'*Institution Valette* a pour but de former les jeunes filles en vue d'en faire de bonnes maîtresses de maison aptes à remplir dans la vie leur rôle d'épouse, de mère et d'éducatrice.

2° Elle reçoit des élèves à toute époque de l'année. Cependant, les rentrées normales ont lieu au printemps et en automne. Le nombre des élèves

---

(1) D'après le prospectus de l'Institution pour jeune filles, à Campagne, Renens-sur-Roche, près Lauzanne.

est restreint pour que l'enseignement donné soit plus profitable à chacune.

3° L'institution offre aux jeunes filles étrangères un moyen simple et pratique d'apprendre la langue française. Ces élèves reçoivent dans des classes spéciales, d'un professeur chargé de cours à l'institution, un enseignement spécial; mais les frais ne sont pas compris dans le chiffre de la pension et ils sont comptés en sus.

Il en est de même pour les jeunes filles françaises qui désirent apprendre l'anglais et l'allemand.

4° Dans les mêmes conditions, les arts d'agrément, la musique et le chant sont enseignés. Les instruments sont fournis par l'institution et le temps nécessaire est accordé aux élèves pour cultiver ces arts.

5° Au cours des conversations, tout comme pendant les leçons, quand le sujet y prête, le professeur donne à ses élèves des notions de threpsiologie et d'hygiène.

6° Pour réaliser le désir de tous les parents qui veulent que leurs filles deviennent de véritables maîtresses de maison possédant à fond la théorie et la pratique du ménage, la plus grande attention est portée à cette branche de l'enseignement.

7° Les élèves apprennent par des travaux pratiques tout ce qui a trait à la couture et à la coupe. Elles confectionnent elles-mêmes leurs vêtements et leurs toilettes.

8° A tour de rôle, les élèves sont appelées à

s'occuper de la cuisine, ce qui est le meilleur moyen de leur apprendre à diriger une cuisinière. Elles sont instruites dans la cuisine bourgeoise et dans l'art de faire un dîner.

9° Elles mettent la table et font le service. La surveillance des chambres, la façon de ranger le linge et les provisions dans les armoires, l'entretien de la garde-robe, le blanchissage, etc., leur sont appris.

10° La formation du caractère, la culture de l'esprit, l'ennoblissement des sentiments moraux et esthétiques sont constamment poursuivis. Enfin, on s'efforce de faire vivre à l'élève la véritable vie de famille.

11° Les élèves qui désirent suivre les travaux pratiques de la cuisine et du ménage doivent apporter dans leur trousseau deux tabliers destinés à préserver leurs vêtements pendant les manipulations auxquelles elles doivent se livrer.

12° Le prix de la pension est de 1,200 francs par an, payables par trimestre et d'avance.

13° Chaque élève reste au moins une année à l'institution. En cas de départ sans avoir averti deux mois au préalable, le montant de la pension est dû en entier.

14° Une conduite régulière est exigée des élèves. Elles doivent se soutenir et s'entr'aider comme les enfants d'une même famille. Chacune est libre de suivre les exercices du culte auquel elle appartient.

15° L'institution occupe à Étretat une belle

construction, sise au milieu d'un parc et à proximité de la mer. Les chambres, exposées au soleil et confortablement meublées répondent à toutes les exigences des règles de l'hygiène et de la salubrité.

*La Directrice :*

Pour la Section d'Étretat :

*La Présidente :*

# LA RETRAITE

ÉCOLE DE DOMESTIQUES

avec

PENSION POUR DAMES

à ***, rue ***

## SECTION DE ***

de

L'UNION FRANÇAISE DES MÈRES DE FAMILLE

(PROJET)

Cette institution est destinée aux jeunes filles qui veulent se former d'une manière pratique aux travaux du ménage et à la tenue d'une maison, en vue de se placer comme domestiques.

A cet effet, on leur enseigne :

Les principes élémentaires de la cuisine, le ser-

(1) D'après le prospectus de l'École de domestiques avec pension pour dames: *La Retraite*, à Vevey, 19, rue du Collège.

vice des chambres et de la table, le blanchissage, la couture et le raccommodage.

En même temps, la Direction s'efforce d'exercer sur les élèves une influence chrétienne, d'agir sur leur caractère, de les mettre en garde contre les tentations auxquelles elles sont ou seront exposées.

Pour être admise comme élève, une jeune fille doit :

*a*) Avoir fait ses études primaires;

*b*) Produire un certificat de bonne conduite;

*c*) Fournir un certificat médical constatant qu'elle est en état de pouvoir se livrer aux travaux domestiques.

L'établissement, n'étant point une maison de correction, ne reçoit pas les jeunes filles d'un caractère vicieux qui ne pourraient être recommandées pour une place. Celles qui sont d'un tempérament maladif, infirmes ou d'une intelligence trop bornée ne sont pas admises.

Les inscriptions sont reçues le 1er et le 15 de chaque mois.

L'Ecole continue à s'intéresser aux jeunes filles qui sont placées par ses soins. La pension est de 25 francs par mois, payables d'avance. Tout mois commencé est dû en entier.

Une mise simple et propre est de rigueur. Le trousseau que l'élève doit apporter se compose de vêtements, linge et chaussures.

Dans le but de former les jeunes filles au service par des travaux pratiques, quelques chambres sont disposées pour recevoir des dames en pension, à un prix modéré : de 60 à 75 francs par mois, selon les chambres et le service. — Le blanchissage, l'éclairage et le chauffage se paient à part.

*La Direction :*

Pour la Section de *** :

*La Présidente :*

SECTION

du

**** ARRONDISSEMENT DE PARIS**

de

L'UNION FRANÇAISE DES MÈRES DE FAMILLE

# MAISON MATERNELLE

**Pour jeunes filles**

à ***, rue ***

(PROJET)

## PROSPECTUS ET RÈGLEMENT

La *Maison maternelle de* *** a pour but de donner à un prix raisonnable un foyer agréable, où règne l'ordre, aux élèves du Lycée et des cours professionnels de *** ainsi qu'aux autres jeunes filles qui ont à *** leur résidence temporaire ou qui y sont domiciliées.

Cet établissement, conçu sur le meilleur plan, possède une grande cour de récréation et un beau jardin. Il est établi dans le voisinage immédiat des bâtiments scolaires.

La *Maison maternelle* est placée sous la direction d'une directrice qui offre toutes les garanties d'éducation et d'instruction désirables. Elle a toujours en vue le bien-être des élèves qu'elle s'efforce de réaliser, en faisant régner dans son établissement la vie familiale, le plus grand ordre et en fournissant une nourriture saine et abondante.

La pension se paie 600 francs par an ou 60 francs par mois.

Les élèves qui habitent hors de la *Maison maternelle* peuvent y prendre un bon déjeuner à un prix fixé d'avance.

§ 1. — Toutes les pensionnaires de la *maison maternelle* doivent se conformer aux prescriptions de la Directrice.

§ 2. — Les jeunes filles doivent avoir une conduite irréprochable et conforme en tous points aux règles de l'ordre et de la propreté. Tout manquement grave sur ce point entraînerait le renvoi.

§ 3. — Le premier déjeuner est servi à 7 heures, le second à 11 h. 1/2; le dîner a lieu à 7 heures.

§ 4. — Le salon est réservé aux conversations et aux travaux à l'aiguille. Il reste ouvert jusqu'à 10 heures.

Les jeunes filles doivent se procurer le luminaire pour leur chambre à coucher.

§ 5. — Les élèves font elles-mêmes leur lit et leur chambre.

§ 6. — La Directrice verra favorablement les jeunes filles qui accompliront, le dimanche, leurs devoirs religieux.

§ 7. — L'établissement est fermé à 9 heures. Les sorties après dîner sont interdites à toute élève qui n'aurait pas prévenu à l'avance la Directrice.

§ 8. — Les jeunes filles paient leur pension le premier de chaque mois. L'avis de tout départ définitif doit être donné quinze jours à l'avance.

§ 10. — Chaque élève doit apporter six serviettes de table, six serviettes de toilette et les articles de toilette nécessaires.

Le Conseil d'administration a la haute direction de la *maison maternelle.*

Les demandes d'admission doivent être adressées à la présidente du Conseil d'administration.

Pour le Conseil d'administration :

*La Présidente :*

Pour le bureau de la Section :

*La Présidente :*

UNION FRANÇAISE DES MÈRES DE FAMILLE

---

**SECTION DE** ____________________

## ÉCOLE DITE : ____________________

à ____________________, rue ____________________

---

CONTRAT D'APPRENTISSAGE (1).

Nota. — *On indiquera dans ce formulaire les noms, les sommes et les dates, concernant chaque cas particulier. Les conditions qui ne seront pas admises seront biffées.*

---

Entre Mme ____________________, Directrice de l'Ecole { de domestiques / professionnelle } ____________________

____________________

(1) Contrat d'apprentissage pour les apprenties domestiques formées dans les fondations de l'*Union française des Mères de Famille.*

à ..........

et M. .......... { père / tuteur

de ..........

a été passé aujourd'hui le contrat suivant :

§ I.

M. .......... place sa { fille / pupille } ..........

en apprentissage chez Mme ..........

Directrice de l'Ecole { de domestiques / professionnelle } ..........

§ II.

La durée de l'apprentissage est fixée à .......... , y compris le temps d'essai prévu au § 3, soit du .......... 18___ au .......... 18___.

§ III.

Les_____ premières semaines de l'apprentissage sont considérées comme temps d'essai, pendant lequel chacune des parties contractantes est libre de renoncer au contrat en prévenant l'autre partie trois jours à l'avance. Il n'est pas nécessaire de motiver la renonciation, mais celle-ci doit se faire par écrit. Dans ce cas, il est dû à la Directrice une indemnité de fr._____ par jour, si l'apprentie prend pension et loge chez elle.

## § IV.

La Directrice s'engage :

1° A instruire l'apprentie de son mieux, avec méthode et précision dans toutes les parties du métier en la renseignant sur les matières premières.

2° A ne l'employer à d'autres occupations étrangères à son métier que dans la mesure où ces occupations ne porteront aucun préjudice à l'apprentissage.

3° A traiter l'apprentie convenablement, à veiller sur sa conduite morale et à l'instruire dans sa profession.

4° A délivrer à l'apprentie, sur sa demande, un certificat constatant les services rendus et leur durée.

## § V.

La Directrice doit laisser à l'apprentie le temps nécessaire pour suivre les cours professionnels. Elle lui accorde également ____ heures de liberté par semaine.

Les frais d'enseignement et de fournitures sont à la charge de ________________________________

## § VI.

La Directrice s'engage à mettre son apprentie en état de subir les examens de fin d'apprentissage. Elle lui donne, dans ce but, les moyens et les conseils nécessaires.

§ VII.

L'apprentie doit une entière obéissance à la Directrice ou à la personne qui la représente. Elle se conduira en tout de la façon la plus convenable et s'appliquera à bien apprendre son métier. Elle s'efforcera de sauvegarder les intérêts de la Directrice et se montrera discrète pour tout ce qui concerne les affaires de celle-ci. Elle est responsable de tous les dommages causés par son espièglerie, son inattention ou sa négligence.

§ VIII.

Le prix de l'apprentissage est fixé à ______ fr. payables ______________. La Directrice s'engage à fournir à l'apprentie une nourriture saine et suffisamment abondante et un logement convenable dans sa propre habitation.

Les vêtements et le linge de corps, ainsi que leur entretien, sont à la charge de l'apprentie.

ou bien

L'apprentie supporte elle-même les frais de logement et de pension. Elle a droit de ce chef à une indemnité de______fr.

§ IX.

En cas de maladie de l'apprentie, les parties contractantes conviennent des arrangements suivants pour ce qui concerne le règlement des frais occasionnés.

. . . . . . . . . . . . . . . . . . . . . . . . . . . . . . . . . . . . . . . .

. . . . . . . . . . . . . . . . . . . . . . . . . . . . . . . . . . . . . . . .

. . . . . . . . . . . . . . . . . . . . . . . . . . . . . . . . . . . (1).

## § X.

Le présent contrat pourra être résilié dans le cas où l'une des parties contractantes ne remplirait pas les obligations qui y sont stipulées et resterait sourde aux avertissements :

*a*) Par la Directrice, si l'apprentie devient physiquement ou intellectuellement incapable de continuer l'apprentissage, ou si elle se rend coupable de manque de respect ou si sa conduite laisse à désirer au point de vue des mœurs ;

*b*) Par l'apprentie ou par son représentant si la Directrice est empêchée, pour une raison quelconque, de remplir envers elle les obligations stipulées au § 4 du présent contrat.

En dehors de ces motifs, le contrat d'apprentissage ne pourra être résilié sans un avertissement fait quinze jours à l'avance.

---

(1) L'art. 341 du Code suisse d'obligations dispose : « Le maître doit faire soigner à ses frais l'employé vivant « sous son toit, en cas de maladie passagère. »

## § XI

En cas de résiliation prématurée du contrat d'apprentissage le salaire doit se calculer jusqu'au jour de la cessation du service, de manière que la moitié soit payée pour le premier tiers, deux sixièmes pour le second et un sixième pour le dernier tiers du temps d'apprentissage.

Si le contrat est résilié avant terme sans qu'il y ait faute de la part de la Directrice, celle-ci a droit à une équitable indemnité.

Si le temps d'apprentissage ne s'achève pas par la faute de la Directrice ou par suite de la fermeture de l'école, l'apprentie a le droit de réclamer une situation équivalente dans une autre école ou à être dédommagée pécuniairement.

## § XII

Si l'apprentie ne peut travailler pendant plus de la vingtième partie du temps fixé, soit pour cause de maladie, soit pour tout autre motif, elle devra réparer le temps perdu après l'expiration du délai fixé pour l'apprentissage. La Directrice doit à cet égard présenter à l'apprentie une déclaration écrite au moins quinze jours avant l'expiration du terme convenu. On ne tiendra compte que des interruptions qui auront dépassé trois jours.

## § XIII

Les difficultés qui pourraient s'élever à l'occasion du présent contrat et qui ne pourraient être réglées à l'amiable seront déférées au Bureau de l'*Union* pris comme tribunal arbitral.

La sentence rendue sera obligatoire pour les deux parties.

## § XIV

Le présent contrat est fait en deux exemplaires, chaque intéressée devant en recevoir un revêtu de la signature de l'autre partie.

*Dispositions particulières*

..........................................................................................

..........................................................................................

..........................................................................................

..........................................................................................

..........................................................................................

..........................................................................................

..........................................................................................

..........................................................................................

..........................................................................................

*Dispositions particulières*

..........................................................................................

..........................................................................................

..........................................................................................

..........................................................................................

..........................................................................................

..........................................................................................

Ainsi fait à ____________, le ____________

*La Directrice de* { *l'École de domestiques* / *l'École professionnelle* } ________

________________________________ (*Signature*).

L'apprentie : ________________________ (*Signature*).

Le père / Le tuteur { de l'apprentie :

________________________________ (*Signature*).

## PENSIONNAT JEANNE D'ALBRET

### à JURANÇON, près PAU

dirigé par les Sœurs de l'ordre de Sainte-Ursule (1).

---

(PROJET)

Le pensionnat *Jeanne d'Albret* est placé sous la direction des Sœurs de l'ordre de Sainte-Ursule qui poursuivent l'éducation et l'instruction des élèves en vue de les mettre à même de diriger avec autorité une maison.

L'ordre, l'économie, l'amour du travail, la pratique des exercices religieux et toutes les vertus qui assurent le bonheur dans la famille sont cultivés avec soin chez les élèves.

Dès son entrée à l'institution, l'élève est confiée

---

(1) D'après le programme du pensionnat *Calcarienber* (Maison-Mère), à Ahrweiler, dirigé par les Ursulines. Il y a lieu de remarquer que dans ce programme on ne fait qu'indiquer la facilité offerte aux parents de faire apprendre à leurs filles l'économie domestique et l'art culinaire. Ce pensionnat tient à n'avoir que des jeunes filles du meilleur monde et celles-ci, ne voulant, pas plus que leurs parents, laisser supposer qu'elles se livrent à l'apprentissage de la cuisine et du ménage, préfèrent, une fois leurs études terminées, rester un an de plus à l'Institution, afin d'y apprendre tout ce qui concerne la tenue du ménage.

13.

aux soins d'une sœur qui, sous le nom de « mère de chambre » n'a qu'à s'occuper d'elle et des onze autres enfants confiées à sa garde.

Vis-à-vis de la supérieure, la mère de chambre est responsable de ses douze enfants ; c'est à elle seule que la supérieure transmet ses ordres et ses demandes. La mère de chambre conduit la nouvelle venue à la chambrette du dortoir qui lui est destinée et où se trouvent un lit, une table de nuit, une table de toilette, une armoire, une petite glace et une chaise. L'élève est séparée des autres par des rideaux blancs, de telle sorte que chacune a pour ainsi dire sa chambre particulière confortablement meublée et à l'abri des regards indiscrets. La mère de chambre aide son élève à sortir ses effets de sa malle, lui montre comment le linge doit être rangé dans l'armoire et les vêtements suspendus. Le matin, elle surveille ses enfants pendant qu'elles procèdent à leur toilette et s'habillent ; elle s'assure ensuite, lorsqu'elles sont descendues à leur occupation, de l'ordre et de la propreté des chambrettes (1).

Le programme comprend : la théologie, l'histoire ecclésiastique, les langues allemande, française, anglaise, italienne ; l'histoire de la littéra-

(1) Ce que j'ai admiré dans les pensionnats allemands, et principalement dans le *Calvarienberg*, un des plus réputés, c'est la disposition de l'installation des locaux, dortoirs, chambres, etc., qui les font ressembler à de grandes maisons de famille où les élèves se trouvent pour ainsi dire chez elles beaucoup plus que dans les couvents français.

ture ancienne, moderne; l'histoire naturelle, l'histoire de l'art, la géographie, l'arithmétique et la tenue des livres; la calligraphie, le dessin et la peinture; le chant; tous les genres de travaux à l'aiguille, la gymnastique. Les vrais principes de religion qui sont la source et l'aliment de l'amour du foyer et de la vie domestique, sont inculqués avec un soin tout particulier.

Les demandes d'admission doivent être adressées à la Supérieure du pensionnat avant le mois d'avril ou le mois d'octobre. Elles sont accompagnées d'un certificat de bonnes mœurs signé par un ecclésiastique et d'un certificat d'études signé par un directeur d'école. Pour être admises au pensionnat les élèves doivent s'engager à rester au moins un an dans l'établissement.

Le prix de la pension est 1,200 francs, payable d'avance en trois termes, savoir 400 francs en octobre, 400 francs en janvier et 400 francs en avril : aucun terme n'est remboursable sauf dans le cas où l'élève est remise à ses parents.

En dehors du prix de la pension, les parents ou les tuteurs sont priés de payer en octobre et en avril pour :

| | |
|---|---|
| 1° Location de livres d'étude.......... | 15 fr. » |
| 2° » de piano et livres de musique.................. | 20 » |
| 3° Leçons de danse.................. | 25 » |
| 4° Location de linge de table et literie. | 30 » |
| Total............ | 90 fr. » |

Ils sont tenus de déposer à la caisse du pensionnat la somme de 40 francs, minimum fixé pour parer aux dépenses éventuelles.

Les élèves sont astreintes à adresser chaque mois à leurs parents ou tuteurs un compte rendu de leurs dépenses. Le séjour à l'Institution pendant les vacances est payé à raison de 30 francs par semaine. Le prix de dix leçons de piano est de douze francs.

Trois mois avant la fin de l'année scolaire, les parents doivent informer l'Institution de leur intention de retirer leurs enfants à la fin de l'année.

Les élèves qui restent plus d'un an au pensionnat peuvent sur la demande des parents apprendre la cuisine, le blanchissage, le repassage et les autres travaux du ménage.

Elles paient le même prix de pension, elles prennent leurs repas et occupent les mêmes dortoirs que les autres élèves, elles portent le même costume. Il suffit qu'elles possèdent en plus trois grands tabliers couvrant tout leur costume.

Comme les autres élèves, elles se lèvent à six heures du matin, assistent à la prière en commun, à la petite méditation, et après le déjeuner, à la sainte messe.

Les travaux se succèdent dans l'ordre suivant :

Les élèves sont divisées en trois groupes, savoir :

1° *Groupe des cuisinières :* nettoyage du poisson et des aliments non préparés la veille, préparation et pesée de matières servant à la fabrication des gâteaux, puddings, etc.

10 heures. Récréation, rafraîchissement.

10 h. 1/4 — 11 h. 1/2. Préparation du déjeuner.

12 h. 1/2. Déjeuner.

2 h. 1/2. Récréation. Promenade qui en été a lieu le soir.

4 heures. Préparation et nettoyage de tous les aliments qui ne peuvent pas attendre jusqu'au lendemain.

4 h. 1/2. Café. Récréation.

5 h. 1/2. Préparation du dîner.

7 heures. Souper.

8 h. 1/2. Prière.

9 heures. Coucher.

2° *Groupe des lingères.*

10 h. 1/2 — 11 h. 1/2. Catéchisme, piano, etc.

Pendant que le *premier* groupe est à la cuisine, le *deuxième* apprend à laver le linge de toilette (le gros linge est lavé par les domestiques), à repasser toute espèce de linge, voire même les chemises d'hommes, à raccommoder, etc.

L'après-midi ont lieu des leçons théoriques sur les ouvrages à la main.

3° *Groupe des ménagères :*

Pendant ce temps le *troisième* groupe apprend à faire le ménage ; les élèves font leur propre chambre et leur lit, nettoient leur table de toilette, elles arrangent les parloirs et les salons, elles mettent les couverts et servent à table (lorsqu'elles savent bien s'acquitter de cette fonction elle est abandonnée aux domestiques), elles nettoient l'argenterie, rincent les verres, les tasses, etc.

L'après-midi ont lieu des leçons théoriques sur le nettoyage de l'argenterie, des verres, des tableaux, du service à table, sur la manière de plier les serviettes, de faire une chambre, etc.

Il est établi un roulement entre les élèves de chaque groupe et toutes doivent assister aux leçons de maintien qui ont lieu tous les samedis, et spécialement la veille des jours de fête.

*La Supérieure.*

# APHORISMES (1)

Pense à Dieu, chaque jour, en tous lieux, à toute heure,
Ainsi tu deviendras et plus sage et meilleure.

---

Application, bienséance,
Au même tronc prennent naissance.

---

La vertu, la vigueur, le zèle
Des parures sont la plus belle.

---

Propreté, promptitude avec habileté,
Du bienfaisant soleil imitent la clarté.

---

L'erreur est une honte,
Calcule, pèse et compte.

---

Que tout soit bien tenu, toujours propre et brillant,
Au logis : l'ustensile, et la table, et le banc.

---

Table frugale, mais bien mise,
C'est le confort sans mignardise.

---

(1) Inscrits sur les murs des différentes salles des écoles de ménage étrangères.

Une miette de pain, une épingle, une fleur,
Le moindre grain de mil lui-même a sa valeur.

———

Chaque chose a son prix, et si quelqu'un l'oublie,
Il devra tôt ou tard déplorer sa folie.

———

Qui ne sait épargner l'argent
Reste Gros-Jean comme devant.

———

La propreté sera ta joie :
Elle orne plus qu'or et que soie.

———

Prends soin de tes habits, mais aussi de ton cœur,
Et que ta lèvre pure en dise la candeur.

———

Lorsque tu vas prier, sois toute à ta prière,
De même, du travail, rien ne doit te distraire.

———

Lave en toute saison
Bien à fond ta maison,
Afin d'en être fière
Et qu'elle te soit chère.

———

Une des règles qu'il faut suivre,
Et sans jamais y déroger,
C'est que l'on doit manger pour vivre
Et non pas vivre pour manger.

———

Tu feras, si tu veux,
Un palais, même mieux,
De ton gentil ménage
Si grâce à ton courage
Tu chasses avec soin
La honte et le besoin.

---

Plats servis avec gentillesse
Ont, pour l'hôte, double finesse.

---

S'il fut bien cuit, bien préparé,
L'aliment est bien digéré.

---

A chaque jour suffit sa tâche,
Repos gagné fut toujours sain.
Mais « remettre à demain »
Est d'un cœur faible et lâche.

---

Enfant, dans la richesse
N'est point le vrai bonheur.
A la paix de ton cœur
Demande l'allégresse.

---

Porte le poids du jour, en faisant ton devoir.
Dieu, qui souffrit pour toi, te bénira le soir.

---

# ANNEXES

## ASILES ET REFUGES-OUVROIRS

pour

FEMMES ENCEINTES

(Page 5.)

Sur l'initiative de la vaillante Mme Béquet de Vienne, un refuge-ouvroir pour femmes enceintes fut ouvert à Paris, le 12 mars 1892, au n° 203 de l'avenue du Maine. Depuis sa fondation 4,605 femmes y ont été recueillies. Les femmes enceintes sont hospitalisées dans le septième ou huitième mois de leur grossesse. A leur entrée au refuge, l'administration leur fournit des vêtements ; les leurs propres sont nettoyés, désinfectés. Elles y font les reprises et les réparations nécessaires ; puis ils sont mis de côté pour leur être rendus à leur sortie. Les hospitalisées s'occupent aussi à confectionner des layettes pour leurs enfants. Enfin, quand elles ont terminé tous les travaux de ce genre, on leur donne à coudre des corsets, travail facile et peu fatigant.

Suivant ce bon exemple et d'après les mêmes principes, la Ville de Paris ouvrit en décembre 1893 l'asile Michelet, au n° 235, rue Tolbiac. A l'origine cet asile ne possédait que 100 lits ; en avril 1897 le nombre en fut élevé à 200. Cet asile coûte 126,000 francs par an, soit 631 francs par lit ou 63 francs par hospitalisée.

L'asile Pauline Roland, 35, rue Fessard, donne aussi asile aux femmes enceintes, bien qu'il n'ait été fondé en 1891, que dans le but spécial de loger et de nourrir gratuitement les femmes indigentes sans travail et sans asile. Les pensionnaires n'y restent que trois mois au plus ; elles travaillent pour les asiles de nuit et reçoivent un salaire dont le montant varie de 30 à 50 centimes par jour. Sauf le cas de grossesse, aucune femme ne peut être admise à nouveau dans cet asile, avant l'expiration d'une période de deux ans. Il est à remarquer que cet asile coûte plus cher à la Ville que l'asile Michelet ; c'est que le travail y étant obligatoire, il y a lieu d'ajouter les frais d'industrie à ceux d'hospitalisation proprement dit, qui s'élèvent à 109,300 francs.

L'asile Ledru-Rollin fut fondé en 1892 à Fontenay-aux-Roses, au n° 2, rue de Bagneux, pour recevoir les femmes relevant de couches. Il possède 50 lits pour femmes et 50 lits pour nouveau-nés. Les accouchées y passent en général de 15 jours à trois semaines, quelquefois un mois. Le nombre des lits sera bientôt porté à 150.

La Ville de Paris rentre pour 23 millions dans l'Assistance publique. De plus elle donne 1,638,000 francs aux enfants assistés.

---

## Assistance publique.

(Page 6).

Les *Instructions du service des secours* disent :

Peuvent être appelés à recevoir les secours du service des Enfants assistés, à *Paris :*

1° Les filles-mères abandonnées ;

2° Les femmes mariées délaissées et celles dont le mari est emprisonné ou interné dans un asile d'aliénés ;

3° Les veuves ;

4° Les veufs et les hommes mariés abandonnés de leurs femmes ;

5° Les pères d'enfants naturels qu'ils auront reconnus, au cas de décès ou de disparition de la mère ;

6° Les grands-parents d'un enfant légitime ou naturel dont le père et la mère ont disparu ;

7° Les orphelins de père et de mère jusqu'à l'âge de 13 ans accomplis.

Dans les *communes suburbaines :*

Les mêmes personnes, plus les ménages réguliers ou irréguliers, les orphelins de père ou de mère.

A Paris, la situation de tout ménage régulier ou irrégulier et de toute femme ou fille-mère non abandonnée, relève exclusivement des bureaux de bienfaisance, même au cas où l'un des parents de l'enfant serait en traitement à l'hôpital.

Exception est faite à cette règle quand le ménage demande un secours destiné au placement de l'enfant en nourrice. En pareil cas, il appartient au service des *Enfants assistés* de statuer sur la demande après examen de la situation.

Lors de la naissance, un berceau et des layettes d'une valeur respective de francs 2.20 et 5.19, sont fournis. Les secours en argent périodiques sont réservés aux mères qui élèvent elles-mêmes leurs enfants, soit au sein, soit au biberon. En principe la durée est fixée à 18 mois, à partir de la naissance de l'enfant. Le taux normal du secours attribué à la mère d'un seul enfant, ne vivant pas en famille, est de 20 francs. Si la mère est obligée de placer son bébé en nourrice, une allocation de 35 à 50 francs en tout est accordée. En cas de chômage, de maladie, l'Administration peut accidentellement aider la mère à désintéresser la nourrice (10 francs au plus). Si la mère meurt en couches ou abandonne le foyer, l'Administration se charge de l'enfant et le met en nourrice jusqu'à l'âge de 12 mois.

Pour secourir 12,000 mères seules, 1,220,000 francs sont dépensés, dont 217,000 francs par les mairies.

En 1897, il y avait 7,560 enfants inscrits, dont 2,606 secourus périodiquement et 4,954 d'une manière intermittente.

Enfants inscrits antérieurement et secourus en 1897 : 3,381.

Secours de mise en nourrice alloués en 1897 : 3,057.

Orphelins inscrits aux secours en 1897 : 664.

Depuis 1895 l'Assistance distribue du lait stérilisé au dispensaire de la rue du Chemin-Vert, d'après les ordonnances de son médecin qui, tous les huit jours, examine les bébés présentés à la consultation. Les résultats ont été si satisfaisants que depuis le mois d'avril 1898, il a été également offert des consultations enfantines (tous les mercredis) au dispensaire de la rue Ordener.

## *Lois relatives aux enfants naturels.*

(Page 8).

### *Loi anglaise du* 10 *août* 1872.

Attendu que dans les septième et huitième années du règne de Sa Majesté fut votée une loi dont le chapitre cent unième a pour titre : *Nouvel amendement aux lois relatives aux indigents en Angleterre.*

Et vu qu'il est urgent d'amender la loi concernant la procédure dans les cas où il s'agit d'enfants naturels.

Sa T. G. M. la Reine, sur l'avis des Lords spirituels et temporels et des membres de la Chambre des Communes, assemblés en Parlement, et d'accord avec eux, a décrété et décrète ce qui suit :

1° Cette loi sera citée sous le titre de « *Amendement de la loi relative aux enfants naturels* » (déc. 1872) ;

2° Les ordonnances spécifiées dans la première annexe de cette loi sont annulées, sauf pour ce qui a été fait jusqu'ici en vertu de cette loi et excepté pour tout ce qu'il est nécessaire de faire en vue de continuer les procès commencés sous le régime de la loi en vigueur ;

3° Toute femme capable d'exercer ses droits, enceinte ou accouchée d'un enfant naturel après le vote de la présente loi, pourra, soit avant la naissance, soit dans les douze mois qui suivront la naissance, faire assigner le père présumé de l'enfant par le juge de paix du canton de la ville ou du bourg où elle réside, si elle peut prouver qu'il a fourni de l'argent pour subvenir aux besoins de l'enfant pendant les douze mois qui ont suivi la naissance ou à une époque quelconque des douze mois qui ont suivi son retour en Angleterre; si, immédiatement après la naissance, il avait cessé d'habiter l'Angleterre pendant douze mois. Si la femme invoque le secours de la loi avant la naissance, elle devra désigner, sous la foi du serment, le père de son enfant, et le juge de paix le citera aussitôt à comparaître devant lui dans un délai de six jours.

Après la naissance d'un enfant naturel et sur la comparution du père ou sur la preuve que la citation à comparaître a été régulièrement remise ou déposée à son dernier domicile, six jours au moins avant l'audience, le juge entendra, en audience publique, le témoignage de la mère et celui de toute personne déposant en sa faveur. Il entendra également le père présumé et les personnes citées à sa requête.

Si le témoignage de la mère est sur quelques points importants corroboré par des preuves matérielles et si le juge est convaincu, il pourra déclarer que le défendeur doit être regardé comme le père putatif de l'enfant naturel. En outre, il pourra, aux termes de la loi, s'il le juge à propos et en tenant compte de toutes les circonstances de la cause, le condamner à payer à la mère ou à la personne chargée de l'enfant, une somme qui ne pourra pas dépasser cinq shillings par semaine et qui sera destinée à couvrir les frais d'accouchement, d'entretien et d'éducation. Au cas de décès de l'enfant, avant le jugement, le père pourra être condamné à payer les frais d'enterrement et à supporter ceux du jugement. Si la plainte est portée avant la naissance de l'enfant ou dans les deux mois qui l'ont suivie, cette somme hebdomadaire pourra, s'il convient au juge, être due à partir du jour de la naissance.

Si, un mois après la condamnation, il est établi que le père putatif n'a pas exécuté le jugement qui l'a condamné à payer, le juge pourra décerner un mandat d'amener portant sa signature et revêtu de son sceau et le faire comparaître devant un tribunal de deux juges. En cas de refus ou de négligence de paiement des sommes dues à la mère, ainsi que de l'amende prononcée par le juge pour ne pas avoir exécuté le jugement prononcé (dans les conditions indiquées plus haut) et des frais nécessités pour contraindre le père putatif au paiement et pour opérer son arrestation, les deux juges susdits pourront ordonner, par un acte signé de leur main et scellé de leur sceau, la saisie et la vente de ses biens, meubles et immeubles, pour assurer le paiement des sommes dues et se couvrir des frais de saisie et de vente.

Ils peuvent en outre le détenir jusqu'au retour de l'ordre de saisie, à moins qu'il ne fournisse une caution, jugée suffisante par les juges, de sa comparution devant deux autres juges au jour fixé pour le retour de l'ordre de saisie et ce jour ne pourra pas dépasser le septième à partir de celui où aura été donnée la caution. Sur le retour de l'ordre de saisie ou si le père putatif reconnaît que la saisie de tous ses biens ne peut suffire à acquitter ses obligations, les deux juges seront, s'ils le jugent à propos, en droit de le faire écrouer dans une prison de droit commun ou dans une maison de correction de la province, ville ou bourg dépendant de leur juridiction et de l'y retenir sans accorder la mise en liberté sous caution, pendant trois mois au plus; à moins que la dette, les frais de saisie et autres frais exposés pour son arrestation, sa conduite à la prison ou à la maison de correction et ceux payés aux personnes chargées de l'y conduire, n'aient été payés et acquittés.

5° Aucun ordre de paiement n'aura de force ni de valeur soit pour la subsistance, l'éducation, l'instruction ou l'entretien d'un enfant après que cet enfant aura atteint l'âge de treize ans ou après son décès; à moins qu'il n'ait été jugé et spécifié par le juge que cet ordre serait valable jusqu'à la seizième année de l'enfant. En pareil cas, l'ordre de paiement sera valable jusqu'à cet âge;

6° Dans le cas où le père putatif d'un enfant naturel résiderait hors du ressort du tribunal auquel la mère s'est adressée pour obtenir satisfaction en vue de l'entretien de son enfant, on pourra également prouver, par déclaration écrite et attestée sous la foi du serment, que l'ordre de paiement a été remis au destinataire;

7° Toutes les fois qu'un enfant naturel en faveur duquel la mère aura obtenu un ordre de paiement sera à la charge de la paroisse ou d'une corporation, deux juges, ayant droit de juridiction sur cette paroisse ou sur cette corporation, pourront autoriser par un ordre signé de leur main et revêtu de leur sceau un délégué de la paroisse ou de la corporation, à la charge de laquelle est l'enfant, à recevoir, au nom de la paroisse ou de la corporation, le prorata de la somme à payer pendant le temps que l'enfant est resté à leur charge. Cette décision sera valable pendant une année entière et aura effet aussi longtemps que l'enfant restera à la charge de la paroisse ou de la corporation. Elle pourra être renouvelée ensuite de temps à autre pour la même période, par un seul juge : la somme due devra être versée entre les mains de l'officier de l'assistance publique de la paroisse ou de toute autre personne autorisée à la recevoir, en vertu du dispositif de la loi et sur un ordre de la mère ;

8° Lorsqu'un enfant naturel tombe à la charge d'une corporation ou d'une paroisse, les administrateurs peuvent s'adresser à deux juges compétents siègeant en audience publique, qui peuvent citer le père supposé à comparaître devant deux de leurs collègues ayant les mêmes pouvoirs, en vue de prouver qu'il ne peut être forcé de contribuer à l'entretien de l'enfant; et sur sa comparution ou sur son défaut, s'il a été légalement cité, les juges peuvent (s'il est établi qu'il est le père de l'enfant et après avoir entendu le témoignage fixé par la présente loi pour les citations lancées sur la plainte de la mère) obliger le père putatif à payer aux administrateurs ou à un de leurs délégués une somme de... par semaine ou autrement, pendant tout le temps que l'enfant restera à leur charge ou aussi longtemps qu'ils le jugeront à propos. Cet ordre, dans le cas où des retards seraient apportés dans le paiement à faire, serait donné et exécuté d'après la loi onzième et douzième Victoria, chapitre quarante-trois, sur la manière de faire exécuter les ordres de justice, relativement au remboursement.

1° Tout paiement en vertu de cet article ne sera obligatoire que pour le temps où l'enfant aura été assisté;

2° Aucun droit ne sera accordé en vertu de cet article, ou s'il a été accordé, il cessera de pouvoir produire effet, à moins que la mère n'ait obtenu, en vertu de cette loi, l'autorisation de se faire rembourser les arriérés;

3° Cette obligation ne diminue en rien l'obligation

de la mère de veiller à l'entretien de son enfant;

4° Toute personne condamnée en vertu de cet article aura le même droit d'appel, contre une pareille sentence, que s'il s'agissait d'un jugement prononcé à la suite d'une plainte de la mère;

5° Si, après qu'un jugement a été prononcé en vertu de cet article, la mère interjette appel en s'appuyant sur la présente loi, le jugement prononcé en vertu de cet article aura effet en ce qui concerne la preuve que l'homme visé par ce jugement est le père de l'enfant ;

9° La Cour d'appel reçoit tout appel interjeté contre le jugement prononcé en vertu de cette loi et peut, si elle le juge à propos, réduire la somme à payer pour l'entretien, l'éducation ou le secours en faveur de l'enfant désigné dans ces dispositions et en modifier la teneur;

10° Cet amendement devra former corps avec la loi existante et sera (à l'exception des parties abrogées par cet amendement) considéré comme ne faisant qu'un avec elle;

11° Cet article n'est pas applicable à l'Écosse.

---

*Loi anglaise du 24 avril 1873.*

Attendu que dans la trente-cinquième et la trente-sixième année du règne de Sa Majesté, fut votée une loi dont le chapitre 65 est intitulé : *Amendement à la loi relative aux enfants naturels, 1872 ;*

Et attendu qu'il y a lieu d'amender encore cette loi, Sa Gracieuse Majesté, sur l'avis des Lords spirituels et temporels et des membres de la Chambre des Communes assemblés en Parlement et d'accord avec eux, a décrété ce qui suit :

1° Cette loi sera intitulée : *Amendement à la loi relative aux enfants naturels, 1873 ;*

2° Le sixième et le huitième paragraphes dudit article et sa seconde annexe sont annulés, excepté pour ce qui a été fait en vertu de ces paragraphes et ce qui est fait pour soutenir et poursuivre toute action entreprise avant le vote de cette loi ;

3° Toute femme accouchée d'un enfant naturel le dix ou avant le dix août mil huit cent soixante-douze qui, sans l'abolition de l'article cité et de sa teneur spécifiée dans la première annexe, aurait été autorisée à demander la poursuite du père putatif de son enfant et de la manière suivante :

Dans le cas où elle aurait eu le droit de poursuivre pendant les douze mois qui ont suivi la naissance de l'enfant, elle pourra poursuivre pendant les six mois qui suivront le vote de cette loi.

Et dans le cas où, après les douze mois qui ont suivi la naissance de son enfant, elle aurait eu le droit de poursuivre sur la preuve que, pendant les douze mois suivant immédiatement la naissance, le père putatif est subvenu aux besoins de l'enfant, elle pourra poursuivre en s'appuyant sur les mêmes témoignages, sans limite de temps, après le vote de cette loi.

Et sur une telle demande de poursuite, le même mode de procédure sera suivi et les mêmes conséquences, comprenant tout droit d'interjeter appel, devront ou pourront en résulter, comme si la loi citée n'avait pas été amendée;

4° Dans le cas où le père putatif d'un enfant naturel résiderait hors du district de la justice de paix à laquelle s'est adressée la mère pour obtenir un ordre de paiement en vue de l'entretien de son enfant, il suffira d'attester par des déclarations écrites et d'affirmer sous serment, selon la formule indiquée dans la seconde annexe de cet article, que l'ordre a été régulièrement remis. Une déclaration ainsi faite sera considérée comme un témoignage authentique jusqu'à preuve du contraire;

5° Lorsqu'un enfant naturel reste à la charge d'une corporation ou d'une paroisse, leurs préposés pourront s'adresser à deux juges ayant juridiction sur cette corporation ou cette paroisse et ces juges pourront citer le père putatif à comparaître devant deux juges quelconques ayant une égale juridiction pour établir qu'il ne peut pas être tenu de contribuer à l'entretien de l'enfant et, en sa présence ou sur la preuve que la citation lui a été remise ou qu'elle a été déposée à son domicile six jours au moins avant l'audience. Les juges entendront la déposition de la mère et recevront tous autres témoignages qu'elle-même ou les préposés pourront invoquer. Ils entendront aussi tous témoignages que le père putatif fera entendre à sa décharge et, si le témoignage de la mère est corroboré sur un point particulier par un autre témoignage, à la satisfaction des juges, ils pourront déclarer que le père supposé est le père putatif de l'enfant et ils pourront le condamner à payer à la corporation ou à la paroisse chaque semaine ou autrement, une somme convenable, à leur avis, pour l'entretien de l'enfant aussi longtemps qu'il restera à la charge du père. Cette somme sera perçue par un préposé de l'Assistance publique ou par quelqu'autre fonctionnaire désigné à cet effet, conformément à l'article cité pour le recouvrement à la suite d'un arrêt rendu en faveur de la mère. Toutefois :

1° Aucun jugement ne sera exécutoire, en vertu de cet arrêt, en dehors du temps où l'enfant aura été assisté.

2° Aucun arrêt ne sera rendu en vertu du présent article; s'il a été rendu, il perdra son autorité, excepté pour le recouvrement des dettes antérieures, lorsque la mère aura obtenu une condamnation au paiement en vertu de l'article cité de la présente loi.

3° Rien dans cet article ne sera considéré en ce qui concerne la mère d'un enfant naturel comme une décharge du devoir qui lui incombe d'élever son enfant.

4° Toute personne qui sera condamnée en vertu de la présente loi aura le même droit d'appel que dans le cas où la condamnation aurait été prononcée sur la demande de la mère.

5° Si, après qu'un jugement aura été rendu en vertu de la présente loi, la mère en demandait un autre, en vertu de l'article cité, la première décision serait considérée comme ayant l'autorité de la chose jugée pour affirmer que la personne visée dans le mandat est le père de l'enfant.

6° Les représentants du gouvernement résidant dans la localité pourront créer de nouvelles formes ou modifier la présente forme de procédure pour ce qui a rapport aux enfants naturels, comme ils le jugeront à propos, pour donner pleine efficacité à la loi présente et à l'article cité.

7° Si, au jour fixé pour l'audition d'une cause, après citations lancées en vertu de l'article précité ou de la loi présente, les deux juges ayant le pouvoir d'examiner le cas ne se trouvaient pas présents, il sera permis à tout juge présent d'ajourner l'affaire à une date et à un lieu déterminés d'un commun accord avec les parties ou avec leurs représentants, et, en attendant, ce juge pourra laisser le défendeur se retirer en toute liberté sur son engagement, avec ou sans caution, de se représenter au jour fixé et au lieu indiqué pour l'examen du procès;

8° Tout jugement rendu par un juge de paix quelconque, avant le vote de la présente loi, contre le père putatif d'un enfant naturel né avant le dix août mil huit cent soixante-douze, condamnant ce père à un paiement dans l'intérêt de l'enfant et qui eut été valable si l'amendement apporté à la loi relative aux enfants naturels de 1872 n'avait pas été votée et contre lequel il n'aura pas été interjeté appel avant le vote de cette loi, sera considéré comme ayant eu et ayant encore l'autorité de la chose jugée dans toute sa teneur.

9° Cette loi sera considérée comme étant incorporée à la loi citée et sera regardée comme si la loi présente et la loi citée n'en formaient qu'une, exception étant faite pour les dispositions abrogées ou amendées par la présente loi.

10° Cette loi n'est applicable ni à l'Ecosse ni à l'Irlande.

---

## *Loi anglaise du 26 août 1880.*

Attendu qu'un amendement à la loi de 1873 relative aux enfants naturels permettait à l'autorité locale d'adopter une nouvelle ou différente forme de procédure relativement aux enfants naturels, selon qu'elle le jugerait nécessaire pour assurer l'effet des dispositions contenues dans l'amendement à la loi relative aux enfants naturels de 1872 et que l'autorité locale a pris des mesures en conséquence;

Attendu aussi que bien des dispositions ont été prises à ce sujet, qui ne concordent pas avec les formes adoptées, et ne sont ni d'une égale teneur ni d'un même effet, que particulièrement les mots : « pour le maintien et l'éducation dudit enfant » ont été omis dans ces jugements et qu'il en est résulté des doutes sur leur validité.

S. T. E. M. la Reine, sur l'avis et le consentement des Lords spirituels et temporels et des membres de la Chambre des Communes, assemblés en Parlement, ordonne :

1° Un jugement rendu dans la forme susdite, avant le vote du présent article, ne sera pas nul et ne doit pas être regardé comme nul à cause de l'insertion dans ce jugement des mots : « pour le maintien et l'éducation dudit enfant » ou des mots d'une semblable signification ou portée ;

2° Cette loi sera appelée : « *Loi 1880, relative aux enfants naturels* ».

---

### *Loi du Royaume de Prusse du 24 avril 1854.*

Nous, Frédéric-Guillaume, etc.,

Avec l'assentiment des Chambres, ordonnons ce qui suit pour les régions où le chapitre II, titre I, partie II, et le chapitre IX, titre II, partie II, du Code national ont force de loi :

§ 1. Toute femme qui a été séduite ou mise enceinte :

1) Par violence.

2) Ou lorsqu'elle se trouvait en état d'inconscience ou privée momentanément de son libre arbitre (§ 144, nos 1, 2 du Code criminel),

3) Ou lorsqu'elle a été amené à consentir à une union charnelle à la suite d'un simulacre de mariage ou de quelque autre supercherie qui lui a fait croire que le concubinage était un acte légitime,

A droit au maximum d'indemnité présenté par la partie II, titre I, § 785 *d* (1).

La femme enceinte garde plein droit à l'indemnité quand il y a empêchement au mariage ou quand elle refuse d'épouser son séducteur.

§ 2. Une femme mise enceinte, à qui son séducteur refuse par la suite la réparation par mariage, a droit à une indemnité ou à une pension fixée par les paragraphes 786-808, partie II, titre I, du Code national.

§ 3. On peut reconnaître l'existence des fiançailles (§ 2), même à défaut d'une promesse de mariage que la loi admet comme valable ou de la publication des bans :

1) Lorsque les parents ou tuteurs ont donné leur consentement à l'union conjugale ;

2) Dans les cas où la loi n'exige pas le consentement des parents.

*a*) Lorsque les fiançailles ont été formellement no-

---

(1) L'indemnité prélevée s'élève à 1/6 de la fortune du séducteur.

§ 176. Maximum de la peine : 10 ans de travaux forcés.

tifiées, soit par les deux parties, soit par le fiancé seul ;

b) Lorsque les fiançailles ont été conclues en présence des parents ou de tierces personnes.

§ 4. S'il y a, dans le cas prévu par le paragraphe 2, un empêchement légal au mariage et si la personne enceinte a eu connaissance dudit empêchement lors du concubinage, elle ne peut prétendre à l'indemnité spécifiée au paragraphe 2.

§ 5. La personne enceinte perd tout droit à l'indemnité spécifiée au paragraphe 2 :

1° Si, antérieurement au refus de mariage de la part du séducteur, elle s'est rendue coupable d'une action motivant le divorce ;

2° Si elle-même refuse d'épouser son fiancé.

Un tel refus n'entraîne cependant pas la perte du droit à l'indemnité, au cas où, antérieurement audit refus, le fiancé s'est rendu coupable d'un fait pouvant entraîner le divorce.

§ 6. Les dispositions du paragraphe 2 reçoivent leur application lorsqu'une jeune fille de quatorze à seize ans, dont la conduite a toujours été irréprochable, a été séduite et mise enceinte (§ 149 du Code pénal). Cette jeune fille conserve tous droits à l'indemnité, même s'il y a empêchement au mariage ou si elle refuse d'épouser son séducteur.

§ 7. Lorsque l'indemnité fixée aux paragraphes 1, 2 et 3 est accordée, le séducteur peut, en outre, être condamné aux frais d'accouchement et de baptême, au paiement des soins donnés à l'accouchée pendant six semaines, selon sa position sociale, ainsi qu'aux autres frais occasionnés par la grossesse ou par les couches.

§ 8. Outre les cas prévus par les paragraphes 1, 2 et 6, les femmes mises enceintes hors mariage ne peuvent poursuivre leur séducteur pour les frais spécifiés au paragraphe 7.

§ 9. Les femmes légitimement mariées n'ont aucun droit à l'indemnité spécifiée aux paragraphes 1-7, et cette indemnité ne peut pas être réclamée par la femme enceinte non mariée :

1) Si, pendant sa grossesse, elle a vécu en concubinage avec plusieurs hommes (§ 15) ;

2) Si elle a mauvaise réputation et notamment si elle a vécu en concubinage :

*a*) Si elle a accepté des dons en espèces ou en nature, comme prix de son concubinage.

*b*) Si elle a la réputation d'une femme de mauvaise vie.

*c*) Si, antérieurement, elle a déjà été mise enceinte hors mariage par un autre que celui qu'elle déclare être le père de son enfant.

*d*) Si elle s'est rendue auparavant coupable d'adultère.

*e*) Si l'homme, désigné par elle comme étant le père de son enfant, est plus jeune qu'elle et n'a pas encore vingt ans accomplis.

§ 10. L'action donnée à la femme par suite de concubinage se prescrit par deux ans à dater du jour de l'accouchement ou de la fausse couche.

§ 11. Au cas où, pendant ces deux années, le fiancé quitte sa demeure habituelle, la durée de la prescription est prolongée d'autant de jours que le nouveau domicile dudit fiancé a été inconnu de la fiancée.

Même lorsque le fiancé a transféré sa résidence en un autre point du territoire, la fiancée peut formuler sa plainte, devant la juridiction de l'endroit où il résidait auparavant.

§ 12. Pour ce qui concerne les enfants illégitimes, les prescriptions du Code national resteront en vigueur en tant qu'elles ne sont pas modifiées par la présente loi.

§ 13. Un enfant illégitime ne peut intenter une action qu'au cas où :

1) Le bien fondé de l'action intentée par la mère contre son séducteur a été reconnu d'après les §§ 1, 2, 6, 8 et 9; ou :

2) L'enfant peut présenter, pour appuyer ses prétentions, un acte formel de reconnaissance de paternité, consigné dans un titre public.

§ 14. L'enfant illégitime conserve le droit d'intenter une action — d'après l'article 13 — quelle que soit la nature des actes ultérieurs de sa mère, voire même si cette dernière a commis des écarts.

§ 15. Doit être considéré comme père d'un enfant naturel, celui qui a eu des rapports intimes avec la mère pendant le laps de temps qui s'est écoulé du 285e au 210e jours avant la délivrance.

En dehors de cette présomption, il sera encore considéré comme étant le père de l'enfant venu avant terme, si la conformation du nouveau-né est telle que, d'après les experts, sa conception se rapporte à l'époque des relations.

§ 16. Au moment de l'introduction de l'instance ou pendant le cours du procès, chaque partie peut demander la prestation du serment, sur le fait du concubinage, et l'époque où il a eu lieu; les circonstances déterminent l'opportunité d'une telle demande et le tribunal désigne la partie qui doit prêter serment. La prestation de serment n'a lieu que lorsqu'elle a été ordonnée par la loi.

§ 17. Tout autre serment prêté par le demandeur ou le défendeur ou déféré par eux, en dehors des limites prescrites par le § 16, soit qu'il porte sur les faits de concubinage et leur époque, soit qu'il concerne les circonstances mêmes dans lesquelles le concubinage a eu lieu, est interdit.

§ 18. Les preuves judiciaires spécifiées aux §§ 16 et 17, concernant le concubinage et portées contre le père par la mère ou l'enfant naturel.

§ 19. La mort du père ne modifie en rien les droits de la mère ou mieux ceux de l'enfant; ils restent les mêmes vis-à-vis des héritiers.

Cependant, ce qui est spécifié au § 652 II-2 et § 97 de l'appendice du Code national, reste en vigueur.

Le droit à la succession du père est reconnu à l'enfant naturel :

1° S'il peut représenter un acte de reconnaissance dressé dans la forme authentique, ainsi qu'il est dit au § 13.

2° Si la paternité du *de cujus* est établie au résultat d'un procès, introduit du vivant du testateur et terminé après sa mort, ou par la prestation de serment faite par la mère ou le tuteur de l'enfant.

§ 20. Les parents ou grands-parents du père n'ont jamais, en leur qualité, à répondre de l'indemnité à allouer à la mère pour l'entretien ou pour l'éducation de l'enfant.

En cas d'indigence du père, l'obligation d'élever l'enfant incombe à la mère ou aux parents de celle-ci.

§ 21. Nonobstant un jugement en faveur de la mère ou de l'enfant naturel, la solde des militaires, jusqu'au grade de sergent-major, ne subira aucune réduction; mais celle des officiers sera diminuée de 2 ou 4 thalers par mois, d'après leur grade.

§ 22. La présente loi annule les §§ 115 jusqu'à 119 titre I, et les §§ 12, 13, 592, 595, 597, 599, 613, 618, 619, 620, 628, 653, titre II, partie II du Code national ainsi que le § 83 de l'appendice du Code national.

§ 23. La présente loi s'applique à toutes les demandes de poursuites qui ne sont pas pendantes devant la Cour avant la promulgation de ladite loi.

---

Loi *relative aux biens des femmes mariées.*

(Page 9.)

Loi *anglaise de 1882.*

[45 et 46 Vict., chap. 75.]

Disposition des articles.

Article premier. — Une femme mariée jouira du droit d'acquérir la propriété et de contracter comme une femme maîtresse de ses droits.

Art. 2. — La femme, mariée après le vote de la présente loi, pourra gérer ses biens comme une femme libre maitresse de ses droits.

3° Prêts faits par la femme à son mari.

4° Exécution d'une procuration générale.

5° Droit pour la femme, mariée, avant le vote de cette loi, de gérer comme une femme maîtresse de ses droits les biens qu'elle aura acquis après le vote.

6° Valeurs que la femme mariée peut posséder.

7° Valeurs qu'une femme mariée peut acquérir par transfert.

8° Placements faits par une femme mariée conjointement avec d'autres personnes.

10° Placements frauduleux avec l'argent du mari.

11° Les sommes payables en vertu d'une police d'assurance ne sont pas considérées comme faisant partie des biens de l'accusé.

12° Moyens qu'a la femme mariée pour protéger ses biens et pour les mettre à l'abri.

13° Dettes et engagements contractés par la femme avant son mariage.

14° Responsabilité limitée du mari quant aux dettes de sa femme contractées avant le mariage.

15° Poursuites en cas d'engagements contractés avant le mariage.

16° Poursuites exercées par le mari contre sa femme.

17° Décision provisoire des questions qui se posent entre le mari et la femme relativement à leurs biens.

18° Femme mariée exécutrice testamentaire ou dépositaire.

19° Droits de conserver les placements faits et d'en faire de nouveaux.

20° La femme mariée est redevable à la paroisse pour l'entretien de son mari.

21° La femme mariée est redevable à la paroisse pour l'entretien de ses enfants.

22° Abrogation de 23 et 34 Vict., c. 93 ; 38 et 38 Vict., c. 50.

23° Droits et obligations du représentant légal et personnel d'une femme mariée.

24° Interprétation des expressions.

25° Epoque d'entrée en vigueur de la loi.
26° Champ d'application de la loi.
27° Rubrique de la loi.

## Chapitre 75.

*Loi pour confirmer et amender les lois relatives aux biens des femmes mariées* (18 mars 1882).

Considérant qu'il est désirable de confirmer et d'amender la loi du trente-troisième et trente-quatrième Victoria, chapitre quatre-ving-treize, intitulée: « *Loi relative aux biens des femmes mariées* (1870) », et la loi du trente-septième et trente-huitième Victoria, chapitre 50, intitulée : « *Amendement à la loi relative aux biens des femmes mariées* (1870),

S. T. E. M. (1), sur l'avis et le consentement des lords spirituels et temporels et des membres des Communes assemblés en Parlement, ordonne :

1. *a*) Conformément à la présente loi, une femme mariée aura le droit d'acquérir, de posséder et de disposer par testament ou autrement de tout bien mobilier ou immobilier comme de son bien personnel, de la même manière que si elle n'était pas mariée et sans l'intervention d'un administrateur légal (*trustee*).

*b*) Une femme mariée aura le droit de figurer dans un contrat pour la totalité de ses biens privés, de poursuivre et d'être poursuivie en matière de contrat ou autrement absolument comme si elle était maîtresse de ses droits et son mari n'a pas besoin de l'assister comme plaignant ou défenseur. Il ne peut être cité en justice dans une poursuite ou un

(1) S. T. E. M. = Sa Très Excellente Majesté (Her Gracious Majesty).

procès passé devant le tribunal par elle ou contre elle ; les indemnités et frais en sa faveur, résultant d'une telle poursuite ou d'un tel procès lui appartiendraient personnellement et les indemnités et frais auxquels elle est condamnée, à la suite d'un tel procès ou d'une telle poursuite, seront payés sur ses biens propres, et pas autrement.

*c*) Tout contrat passé par une femme mariée, sera considéré comme un contrat engageant ses biens propres, à moins que le contraire ne soit spécifié.

*d*) Tout contrat passé par une femme mariée, concernant et engageant ses biens privés, engage, non seulement les biens propres dont elle jouit ou ceux auxquels elle a droit, au moment du contrat, mais encore tous les biens qu'elle pourra acquérir par la suite.

*e*) Toute femme mariée, ayant un commerce indépendant de celui de son mari, sera, en ce qui concerne ses biens propres, soumise aux lois relatives à la banqueroute, comme une femme maîtresse de ses droits.

2. Toute femme mariée, après le vote de la présente loi, aura droit de posséder comme bien personnel et de disposer, comme il a été dit, de tout bien mobilier ou immobilier, qui lui appartenait au moment du mariage, ou qu'elle a acquis ou reçu par héritage, après son mariage, y compris gages, gains, argent et tout bien gagné ou acquis par elle dans un emploi, commerce ou profession qu'elle exerce ou qu'elle dirige en dehors de son mari, ou qu'elle a gagné ou acquis grâce à ses connaissances littéraires, artistiques ou scientifiques.

3. Tout argent ou autres biens d'une femme mariée, prêtés ou confiés par elle à son mari pour le com-

merce ou l'affaire entreprise par lui ou dans un autre but, seront considérés comme faisant partie des biens du mari en cas de banqueroute, sauf le droit de la femme de réclamer, comme créancière, un intérêt pour le montant ou la valeur de cet argent prêté ou de ces biens confiés, après et non avant que tous les créanciers du mari auront reçu pleine et entière satisfaction en argent ou en autres valeurs pour toutes leurs réclamations.

4. L'exécution d'un plein pouvoir testamentaire pour une femme mariée fait que les biens désignés dans le testament, servant de garantie pour ses dettes et autres engagements absolument comme ses biens propres, sont garantis aux termes de la présente loi.

5. Toute femme mariée, avant le vote de la présente loi, aura le droit d'acquérir, de posséder et de disposer comme il a été dit pour ses biens propres, de tout bien mobilier ou immobilier. Ses droits actuels ou éventuels, en jouissance, réversion ou droit de réversion, sont fixés par la présente loi et comprendront les gages, épargnes, argent et biens gagnés ou acquis par elle, comme il a été mentionné.

6. Tout dépôt dans un bureau de poste, caisse d'épargne ou banque quelconque, toute annuité concédée par la Commission pour la réduction de la Dette nationale ou pour toute autre personne ou institution, toute somme faisant partie des fonds publics ou de toute autre valeur transférable sur les livres du Gouverneur de la Compagnie de la Banque d'Angleterre ou de toute autre banque qui, avant le vote de la présente loi, sont inscrites au nom seul d'une femme mariée et toute action, valeur, obligation (cotée ou non) et autre

intérêt dans une corporation, société ou association quelconque, municipale, commerciale ou autre, ou dans une union industrielle, de prévoyance, amicale, mutuelle, de construction, de prêts, inscrits nominalement au moment du vote de la présente loi, seront regardés, jusqu'à preuve du contraire, comme biens privés de la femme et le fait qu'un pareil dépôt, annuité ou somme faisant partie de valeurs ou fonds publics, ou de toute autre valeur ou fonds pouvant figurer sur les livres du Gouverneur de la Compagnie de la Banque d'Angleterre ou de toute autre banque; action, valeur, obligation (cotées ou non) ou autres intérêts, ainsi qu'il a été dit, est inscrit au nom d'une femme mariée, sera pris comme preuve indubitable qu'elle a droit aux revenus de ces biens pour son usage personnel et pour l'autoriser et lui donner tout pouvoir de les percevoir ou transférer et d'en toucher le dividende, l'intérêt, le bénéfice sans intervention de son mari, et d'indemniser le Directeur du bureau de poste, la Commission pour la réduction de la Dette nationale, le Gouverneur et la Compagnie de la Banque d'Irlande et tous les directeurs, gérants et administrateurs légaux (*trustees*) de semblables banques, corporations, sociétés, unions ou associations, ainsi qu'il a été dit, pour ce qui a trait à ces biens.

7. Toute somme faisant partie de valeurs ou de fonds publics ou de tous autres fonds ou valeurs transférables sur les livres de la Banque d'Angleterre ou d'une autre banque quelconque, et tout dépôt et annuité mentionnés respectivement dans le paragraphe précédent et toutes actions, valeurs, obligations (cotées ou non) et autres intérêts dans une corporation, société, union ou association, comme il a été dit

qui, après la mise en vigueur de la présente loi, seraient assignés, placés, enregistrés, transférés ou confirmés au nom seul d'une femme mariée, seront regardés, jusqu'à preuve du contraire, comme son bien propre et, en ce qui concerne sa fortune personnelle, elles garantiront ses engagements.

Que cela soit exprimé dans le document qui crée ou certifie ses droits, ou mentionné dans les livres ou registres dans lesquels figurent ses droits.

A condition cependant que rien dans la présente loi ne puisse être invoqué ou n'autorise une corporation ou société à admettre une femme mariée comme actionnaire dans le cas où les actions peuvent être grevées, contrairement à tout acte du Parlement, chartre, règlement, statuts d'association, ou bases de fondation réglant ces sociétés ou corporations.

8. Tout ce qui a été précédemment défini concernant les dépôts dans un bureau de poste ou autre caisse d'épargne, ou toute autre banque; les annuités concédées par la Commission pour la réduction de la Dette nationale ou par toute autre personne; les sommes faisant partie des valeurs ou fonds publics ou autres valeurs et fonds quelconques, transférables sur les livres de la Banque d'Angleterre ou sur ceux de toute autre banque; actions, valeurs, obligations ou autres intérêts d'une ou dans une corporation, société, union ou association, nommés respectivement, qui, au moment de la mise en vigueur de cette loi, seront au nom seul d'une femme mariée, ou qui, après la promulgation de cette loi, ont été alloués, placés, enregistrés au nom seul d'une femme mariée, s'étend et s'applique aux biens immobiliers, droits, titres ou intérêts de la femme

mariée, à tous les détails ci-dessus énoncés, qui, à partir du vote de cette loi ou dans la suite, seraient inscrits ou alloués, placés, enregistrés ou transférés au nom d'une femme mariée conjointement avec toute personne ou toutes personnes autres que son mari.

9. Il ne sera pas nécessaire que le mari, dans l'intérêt de son épouse, se joigne à elle pour effectuer le transfert d'une annuité ou d'un dépôt, mentionnés ci-dessus, ou d'une somme faisant partie des valeurs ou fonds publics ou de valeurs quelconques transférables comme il a été indiqué, ou d'actions, valeurs, obligations ou autres bénéfices, droit permis (*claim*) ou autre intérêt d'une ou dans une telle corporation, société, union ou association qui est maintenant ou sera plus tard au nom seul d'une femme mariée ou conjointement avec elle au nom d'une ou de plusieurs personnes autres que son mari.

10. Si un placement d'un pareil dépôt ou d'une telle annuité, précédemment définis, ou d'une valeur ou fonds publics, ou d'autres valeurs ou fonds transférables comme il a été dit, ou d'action, valeur, obligation (cotées ou non) d'une corporation, société, union ou assocation, municipale, commerciale ou autre, ou d'action, d'obligation, bénéfice, droit, permis (*claim*) quelconque d'une société industrielle, de prévoyance, amicale, mutuelle, de construction ou de crédit est fait par une femme mariée avec l'argent de son mari et sans le consentement de celui-ci, le tribunal pourra, par application de l'article 17 de la présente loi, ordonner que ce placement avec son revenu ou une part sera transféré et payé au mari; et rien dans cette loi ne peut rendre légal, au détriment des créanciers du mari, le don fait par celui-ci

à sa femme d'un bien qui, après avoir été ainsi donné, demeure néanmoins sa propriété et à sa disposition, ni d'aucun dépôt ou autre placement fait avec l'argent du mari au nom de la femme pour frustrer les créanciers; mais tout dépôt ou placement dans de pareilles conditions sera un motif de poursuite comme si la présente loi n'existait pas.

En vertu du droit ci-dessus reconnu de passer contrat, la femme mariée peut s'assurer sur la vie ou sur celle de son mari à son profit personnel; la police et ses avantages sont réglés de la manière suivante :

Une assurance contractée par le mari sur sa propre vie au profit de son épouse, ou de ses enfants, ou de sa femme et de ses enfants, ou seulement de l'un d'eux, ou par la femme sur sa propre vie au profit de son mari ou de ses enfants, ou de son mari et de ses enfants ou de l'un d'eux, crée un privilège pour les conditions spécifiées, et aussi longtemps que toutes les conditions du contrat ne seront pas remplies, les sommes à payer, en vertu de cette assurance, ne feront pas partie des biens de l'assuré, ou ne pourront servir à payer ses dettes, sous cette réserve que, s'il était prouvé que la police a été contractée et les primes versées dans l'intention de frustrer les créanciers de l'assuré, ceux-ci auraient droit sur la somme à payer par la Compagnie d'assurances, à une somme égale au montant des primes versées. L'assuré peut sur la police ou par une note écrite de sa main, désigner un *trustee* (administrateur-curateur) ou plusieurs *trustees* pour la somme payable en vertu de l'assurance, et de temps en temps nommer un nouveau *trustee* ou plusieurs nouveaux *trustees*, et prendre des mesures pour la nomination d'un nouveau *trustee* ou de nouveaux *trustees* à cet effet et pour le placement des sommes payées par la Compagnie. A défaut d'une telle nomination de *trustees* le montant de la police d'assurance, aussitôt réglé, appartiendra à l'assuré ou à ses représentants légaux personnels, désignés à cet effet. Si, à la mort, ou après la mort de l'assuré, il n'y a pas de *trustee* ou s'il est nécessaire de nommer un nouveau *trustee* ou de nouveaux *trustees;* un *trustee* ou plusieurs *trustees* ou un nouveau *trustee* ou de nouveaux *trustees* pourront être nommés par un tribunal quelconque compétent, conformément à la loi de 1850 sur les *trustees* ou aux lois amendant et étendant cette loi. La quittance d'un *trustee* ou de *tructees* dûment nommés, ou, à défaut d'une note à l'adresse de la Compagnie, la quittance du représentant personnel légal de l'assuré servira de décharge pour la somme due par la Compagnie, soit pour sa valeur entière, soit pour une partie de cette valeur.

12. Toute femme mariée, avant ou après cette loi, pourra commencer en son nom propre, contre toute personne, même contre son mari, les mêmes poursuites civiles et — exception faite pour ce qui va suivre concernant ses droits, vis-à-vis de son mari — les mêmes poursuites devant la Cour criminelle pour la sauvegarde et la préservation de ses biens privés, qu'une femme maîtresse de ses droits; pourtant, comme il a été dit, le mari ou la femme ne peuvent se poursuivre mutuellement pour dommage ou préjudice. Dans tout procès intenté conformément à cet article, il suffira à la femme de déclarer que les biens lui appartiennent et, dans tout procès intenté conformément à cet article, le mari ou la femme auront droit de témoigner l'un contre l'autre, nonobstant toute loi ou tout statut opposé;

pourvu cependant que la femme ne poursuive pas son mari devant la Cour criminelle en vertu de cette loi durant leur vie en commun, au sujet des biens qu'elle réclame, ni, après leur séparation, en raison d'un acte quelconque fait par le mari pendant la vie en commun, à moins que ces biens n'aient été injustement soustraits par le mari lors de leur séparation ou de son éloignement du domicile conjugal, ou environ à vers cette époque.

13. La femme, après son mariage, reste responsable, sur tous ses biens, des dettes contractées par elle et des engagements pris ou des fautes commises avant son mariage, y compris toute somme de contribution due par elle, avant ou après avoir été inscrite sur le rôle des contribuables en vertu des lois relatives aux sociétés à capital réuni et elle pourra être poursuivie pour une telle dette ou un tel engagement, en dommages-intérêts ou d'une autre façon par un contrat semblable à cause d'une pareille erreur et toute somme qu'elle est condamnée à payer en conséquence, ou tout frais en résultant, seront recouvrables, sur ses biens personnels; et, sauf contrat passé avec son mari, ses biens personnels seront considérés comme répondant en premier lieu de toutes dettes semblables, engagements ou erreurs et de tous les préjudices et frais, qui en résultent; pourvu toutefois que rien dans cette loi ne puisse augmenter ou diminuer la responsabilité d'une femme mariée, avant la promulgation de cette loi, d'une telle dette, engagement ou erreur, mentionnés plus haut, exception faite pour les biens qui, en vertu de cette loi, doivent lui échoir à titre de biens propres et auxquels elle n'aurait eu aucun droit pour son usage personnel en vertu des lois abrogées

par la présente Loi, ou autrement, si cette Loi n'avait pas été votée.

14. Le mari est responsable des dettes, contrats et des dommages occasionnés par sa femme avant leur mariage et de toutes les charges auxquelles elle est sujette, en vertu de la loi relative aux sociétés à valeurs réunies (*Joint stock companies*), dans toute la mesure de la valeur et de l'étendue des biens ou propriétés appartenant à sa femme, dont il sera devenu le propriétaire ou sur lesquels il aura acquis des droits par son mariage.

Il pourra néanmoins se rembourser des frais déboursés par lui comme des sommes qu'il aurait été condamné à payer en raison des dettes, contrats et dommages susdits de sa femme avant son mariage et non autrement. Tout tribunal, ainsi saisi contre le mari d'une action en paiement de dettes, aura le pouvoir de procéder à une enquête ou de recourir à tout autre moyen qu'il jugera convenable pour déterminer la nature, le nombre, ou la valeur de ces biens; pourvu toujours, que rien en cet acte ne soit considéré comme pouvant augmenter ou diminuer la responsabilité d'un mari, marié avant le vote de la présente loi, par rapport aux dettes et autres charges de son épouse, selon ce qui a été dit.

15. Le mari et la femme pourront être poursuivis conjointement pour dettes ou autres engagements (soit en raison d'un contrat ou à l'occasion de dommages) contractés par la femme avant son mariage, ainsi qu'il a été dit, si le demandeur prétend établir ses droits entièrement ou en partie, contre les deux; et si dans un procès de ce genre ou dans tout autre procès engagés contre le, mari seul pour dettes ou engagements de cette espèce, il n'est pas prouvé que

ce mari est responsable en ce qui concerne les biens de sa femme, qu'il a ainsi acquis et dont il est devenu propriétaire, conformément à ce qui a été dit précédemment, les frais qu'il aura faits pour sa défense lui seront dus, quelle que soit l'issue du procès vis-à-vis de la femme, s'ils sont poursuivis conjointement; et si, au cours des poursuites faites à la fois contre l'un et contre l'autre époux, il est prouvé que le mari est responsable de ces dettes ou dommages ou seulement d'une partie quelconque, une sentence unique sera rendue qui frappera le mari personnellement, pour la part dont il est responsable, et la femme pour ce qui touche ses biens personnels; s'il reste encore quelque chose à payer, un nouveau jugement à cet effet portera seulement sur les biens propres de la femme.

16. Toute mesure prise au sujet des biens de la femme qui exposerait le mari à des poursuites devant la Cour criminelle de la part de sa femme, exposera celle-ci aux mêmes poursuites dans les mêmes circonstances de la part de son mari.

17. Dans tout litige entre mari et femme à l'occasion de la propriété ou de la jouissance des biens, l'un et l'autre, ainsi que toute banque, corporation, compagnie, union ou société sur les registres desquels figurent des capitaux, fonds ou actions appartenant aux parties, pourront s'adresser par requête, ou autrement et sommairement à un juge quelconque, de la Haute-Cour de justice en Angleterre ou en Irlande, selon que les biens seront situés dans l'un ou dans l'autre pays, ou (au choix du demandeur, indépendamment de la valeur des biens en litige) en Angleterre au juge du comté ou district, ou en Irlande au Président de la Cour du lieu où chaque

partie réside. Le juge, ainsi saisi, pourra prendre au sujet de ces biens en litige et des frais d'assignation et de poursuites telle décision qu'il jugera à propos, ou ajourner la cause afin de procéder à une enquête au sujet de l'affaire en question et de la manière qu'il jugera nécessaire. Sous cette réserve que les partis peuvent interjeter appel de la décision de ce jugement, comme de tout jugement d'une Cour de justice quelconque. Et toute procédure introduite devant un tribunal qui, en raison de la valeur des biens litigieux, n'aurait pas été compétent si la loi de 1870 sur les biens de la femme n'avait pas été votée, pourra, à la requête du demandeur ou du défendeur, être évoqué par la Haute-Cour de justice en Angleterre ou en Irlande (selon le cas) par une ordonnance de cette Cour; mais toute décision déjà prise dans les cours inférieures avant ce transfert aura l'autorité de la chose jugée, à moins que la Haute-Cour ne décide autrement. Pourvu aussi que le juge de la Haute-Cour ou de la Cour du district du comté, ou le Président de la Cour civile en Irlande puissent, si l'une des parties le demande, examiner et trancher l'affaire dans son cabinet privé. Pourvu encore, que toute banque, corporation, compagnie, union ou société, comme il a été dit, soient, dans leur demande relative aux frais, etc., considérés comme banquiers ou agents d'affaires.

18. Une femme mariée, exécutrice testamentaire ou chargée d'administrer les biens d'une personne décédée, soit seule, soit conjointement avec une ou plusieurs autres personnes, ou chargée en qualité de *trustee*, seule ou avec d'autres, de l'administration de biens par fidéicommis, peut poursuivre et peut être poursuivie; elle peut aussi, soit seule, soit

conjointement avec d'autres, effectuer le transfert d'annuités ou de dépôts, ainsi qu'il a été spécifié, ou d'une somme quelconque faisant partie de valeurs ou de fonds négociés en bourse, ou de tous autres fonds ou valeurs, transférables comme il a été dit plus haut, ou de toute action, valeur, obligation, titre, droit ou autre bénéfice d'une corporation, compagnie, union ou société sans le concours de son mari, comme une femme non mariée.

19. Rien de ce qui est contenu dans la présente Loi ne peut infirmer une entente ou un accord en vue d'un contrat fait ou à faire, soit avant, soit après le mariage, à l'occasion des biens d'une femme mariée, ni rendre inefficace une restriction quelconque contre anticipation atteignant actuellement ou devant atteindre la jouissance des biens ou revenus d'une femme mariée, en vertu d'un contrat, d'un accord préliminaire en vue d'un contrat, d'un testament ou d'un autre acte quelconque; mais aucune restriction contre anticipation contenue dans un contrat ou dans un accord en vue d'un contrat des biens particuliers d'une femme, faite ou consentie par elle, n'aura de valeur relativement aux dettes contractées par elle avant son mariage et aucun contrat ou accord en vue d'un contrat n'auront plus de force ou de valeur à l'encontre des créanciers de cette femme qu'un contrat ou accord en vue d'un contrat passés ou consentis par un homme n'en auraient contre ses propres créanciers.

20. Dans le cas où, en Agleterre, le mari d'une femme qui possède des biens séparés, tombe à la charge d'une société ou d'une paroisse, les juges, sous la juridiction desquels ces sociétés ou paroisses se trouvent placées, peuvent, pendant le cours de

leurs sessions et à la requête de l'administrateur des pauvres, sommer la femme et l'obliger à subvenir aux besoins de son mari, en mettant opposition sur les revenus de ses biens personnels, en vertu de l'*amendement à la Loi relative aux Indigents, Anno 1868*; ils peuvent désormais agir ainsi contre le mari et l'obliger à subvenir à l'entretien de sa femme, lorsqu'elle tombe à la charge d'une union ou paroisse. Dans le cas où en Irlande, en vertu de la *Loi relative aux secours aux Indigents*, des secours sont distribués au mari d'une femme en possession de biens distincts; ces secours sont regardés désormais comme un prêt annoncé par les administrateurs de l'*union* qui les a fournis et ces secours seront réclamés à cette femme par les moyens employés pour faire rentrer une somme prêtée, comme si elle n'était pas mariée.

21. Une femme mariée, possédant des biens personnels, sera désormais responsable de l'entretien de ses enfants et petits-enfants, au même degré que le mari est déjà responsable envers eux, sous cette réserve toutefois que la présente Loi ne décharge aucunement le mari de la responsabilité légale qui lui incombe d'acquitter les frais d'entretien de ses enfants et petits-enfants.

22. La *Loi de 1870, sur la propriété des femmes mariées* et l'amendement de 1874 à cette *Loi sur la propriété des femmes mariées* sont abrogés, sous cette réserve que cette abrogation ne diminue pas l'autorité légale des jugements prononcés ou des droits acquis sous l'empire de ces lois, et réserve le droit de poursuivre au mari et à la femme mariée avant le vote de la présente loi ou celui des créanciers de les poursuivre eux-mêmes pour dettes,

contrats, dommages ou autres motifs pour lesquels ils auraient pu les poursuivre ou être poursuivis avant le vote de la présente loi.

23. Pour que cette loi soit exécutoire, le fondé de pouvoir légal d'une femme mariée aura, pour ce qui concerne ses biens séparés, les mêmes droits et obligations et sera soumis à la même juridiction que cette femme, comme si elle était vivante.

24. La signification du mot *contrat*, employé dans cette loi, renferme l'acceptation de tout fidéicommissaire, exécuteur et administrateur, et les dispositions de cette loi concernant les obligations des femmes mariées s'étendent à toutes les obligations en raison de toute faute dans la gestion ou de toute malversation commise par toute femme mariée en qualité de fidéicommissaire, exécutrice ou administratrice, soit avant, soit après son mariage; et son mari ne sera pas responsable de pareils engagements à moins d'avoir pris part ou de s'être ingéré dans l'administration. Le mot *biens* employé dans cette loi, s'entend de toute valeur réelle.

25. Cette loi entrera en vigueur le premier janvier mil huit cent quatre-vingt-trois.

26. Cette loi ne s'applique pas à l'Ecosse.

27. Cette loi sera dénommée : *Loi de* 1882; *propriété des femmes mariées.*

---

## Consommation d'alcool.

(Page 19).

Le tableau ci-dessous, dressé par M. Denis, instituteur à Genève, et que nous empruntons à la très intéressante brochure de M. le Dr Legrain, *Un fléau social : l'alcoolisme*, donne les chiffres suivants, qui représentent la consommation en litres d'alcool à 100° par tête d'habitants.

| | Année | Total par tête à 100° |
|---|---|---|
| | — | — |
| France | 1893 | 13,81 |
| Belgique | 1892-93 | 10,58 |
| Allemagne | 1893-94 | 10,40 |
| Angleterre | 1893 | 9,231 |
| Suisse | 1892 | 8,40 |
| Italie | 1889 | 6,87 |
| Hollande | 1890 | 6,20 |
| Etats-Unis | 1893 | 6,07 |
| Suède | 1890 | 4,39 |
| Norwège | 1891 | 3,31 |
| Canada | 1892 | 2,03 |

Comme on le voit, la France a le triste honneur d'occuper le premier rang dans cette statistique; voici, d'ailleurs, quelques évaluations depuis 1830 :

| | | |
|---|---|---|
| 1830. . . . . . . | 1 litre 12 par tête (alcool pur) | |
| 1840. . . . . . . | 1 — 55 | — — |
| 1850. . . . . . . | 1 — 46 | — — |
| 1860. . . . . . . | 2 — 27 | — — |
| 1870. . . . . . . | 2 — 32 | — — |
| 1880. . . . . . . | 3 — 61 | — — |
| 1889. . . . . . . | 4 — » | — — |
| 1890. . . . . . . | 4 — 35 | — — |
| 1892. . . . . . . | 4 — 55 | — — |

Il y a lieu de remarquer, suivant les indications de Claude (des Vosges), qu'il faut retrancher du total les femmes et les enfants, puis les nombreux adultes qui ne font pas de l'alcool leur consommation habituelle. Un huitième de la population seulement est, en réalité, voué à l'alcoolisme.

Tandis que, dans tous les autres pays, on a pris les mesures les plus énergiques pour enrayer le fléau, nous avons lutté mollement et comme sans souci des déplorables effets que l'alcoolisme produit sur l'énergie morale, sur la vigueur intellectuelle et physique d'un peuple. Les chiffres sont cependant éloquents. Il existe en France 80,000 aliénés; sur ce nombre un quart, c'est-à-dire 20,000 environ, ont dû leur folie soit directement, soit indirectement à l'influence de l'alcool. C'est aussi parmi les alcooliques que se recrute le gros de l'armée des criminels. En voici la preuve d'après une récente statistique :

| | | | | |
|---|---|---|---|---|
| Sur 100 détenus | pour | assassinat, on trouve | 53 | alcooliques |
| — | — | outrages à la pudeur. | 53 | — |
| — | — | incendie. . . . . . . | 57 | — |
| — | — | mendicité, vagabondage. . . . . . . . | 70 | — |
| — | — | coups, blessures . . | 90 | — |
| | | | 323 | |

Au point de vue de la dégénérescence familiale,

les effets ne sont pas moins désastreux. Voici une statistique, dressée par M. le Dr Legrain, qui porte sur 215 familles de buveurs, suivies pendant trois générations. On trouve au total :

| | |
|---|---|
| 127 alcooliques . . . . . . . . . . . . . . | 50 0/0 |
| Dégénérés . . . . . . . . . . . . . . . . | 60 |
| Fous moraux, criminels. . . . . . . . . | 14 |
| Enfants atteints de convulsions . . . . | 22 |
| Epileptiques . . . . . . . . . . . . . . | 17 |
| Aliénés. . . . . . . . . . . . . . . . . . | 19 |

Il s'est fondé en 1895 à Paris, une société dite *Société contre l'usage des boissons spiritueuses*. Elle interdit d'une façon rigoureuse l'alcool, mais elle tolère l'usage modéré des boissons fermentées. Le but principal de cette société est d'atteindre l'enfant à l'école, par l'intermédiaire de l'instituteur. A cet effet, elle fonde des *sections cadettes* qui ont des réglements spéciaux.

Tout en louant, comme il le mérite, le but de la Société et les efforts qu'elle déploie pour l'atteindre, nous croyons que des mesures plus énergiques s'imposent.

En dehors des lois sévères condamnant l'ivrognerie et des mesures préventives destinées à restreindre le plus possible l'usage de l'alcool, il faudrait arriver à déraciner des préjugés encore trop ancrés dans le peuple. C'est ainsi que, contrairement à tout ce que démontre la science et l'observation, certaines personnes prétendent que les spiritueux peuvent suppléer la nourriture et soutenir les tempéraments débilités. D'autres les préconisent comme un moyen de réchauffer le corps pendant les grands froids. Rien n'est plus faux. L'expérience démontre, en effet, que l'alcool achève la ruine des estomacs déjà délabrés et que ses principes nutritifs sont pour ainsi dire nuls; l'analyse a prouvé que, dans un litre de vin, on ne trouvait qu'un gramme de matière alimentaire. Le pouvoir nutritif de la bière et du cidre est des plus minime; quant à l'alcool proprement dit, bien qu'il contienne 50 0/0 de carbone, il est *inutilisable comme aliment*, puisqu'*il ne subit pas*, la combustion physiologique et ne peut, par suite, s'introduire dans l'organisme et en réparer les forces. D'autre part, c'est surtout en hiver que l'usage des spiritueux est le plus dangereux : ils constituent une des causes principales, sinon la cause unique, des congestions cérébrales. En réalité, il ne faut voir dans ces préjugés que de mauvaises raisons fournies par les alcooliques eux-mêmes pour s'adonner à leur vice avec un semblant de raison.

Il est à remarquer que l'alcoolisme tend à disparaître dans les pays anglo-saxons où il est combattu rationnellement et avec persévérance. Constatons aussi que c'est dans ces pays que l'enseignement culinaire et ménager est le plus en faveur et produit les meilleurs résultats. N'y aurait-il pas entre ces deux faits concomitants une corrélation de cause à effet?

**Professions pouvant être exercées par la femme sans se séparer des siens.**

(Page 41).

Modiste.
Couturière.
Tailleuse à la confection.
Giletière.
Stoppeuse.
Corsetière.
Bonnetière.
Perleuse.
Plumassière.
Matelassière.
Brodeuse.
Dentelière.
Blanchisseuse.
Repasseuse.
Teinturière.
Coiffeuse.
Parfumeuse.
Perruquière.
Fleuriste (fabrication de fleurs artificielles).
Jardinière fleuriste.
Fleuriste (bouquets, gerbes, couronnes).
Horticulteur.

Laitière.
Horlogère.
Sage-femme.
Médecin.
Dentiste.
Pharmacien.
Ecrivain (femme de lettres, journaliste, copiste, etc).
Sculpteur en marbre.
— ambre et ivoire
— écume.
Peintre à l'huile.
— sur porcelaine.
— sur bois.
— sur étoffe.
— sur soie.
— sur velours.
— sur parchemin.
— sur ivoire.
Miniaturiste.
Eventailliste.
Aquarelliste.
Photographe.

Dactylographe.
Sténographe.
Calligraphe.
Relieur.
Dessinateur de patrons et modèles.
Dessinateur de journaux de mode et autres.
Fabricant de patrons en papier.
Gérante d'hôtel.
— de maison à famille.
Organisatrice de soirées mondaines.
Directrice de crèche.
— d'école de jeunes filles.
Maîtresse de pension.
— de danse et de maintien.
Professeur de coupe.
— de langues.
— de musique.
Confiseuse.
Epicière.
Herboriste.
Fruitière.
Crémière.
Patissière.
Boulangère.
Charcutière.
Mercière.
Libraire.

## Lois Scolaires

(Page 42.)

Les lois dont l'urgence se fait le plus sentir sont :

Une loi fixant le nombre maximum d'élèves dans toute classe à douze, seize au plus.

Une loi exigeant de tout candidat à l'enseignement de la jeunesse ou de l'enfance un brevet de capacité pour la branche qu'il se propose d'enseigner et délivré par l'État, sur avis d'un comité d'examinateurs nommés et choisis par lui parmi les professeurs qu'il rétribue. En Allemagne, l'Etat poursuit même le fils aîné qui instruit ses frères ou sœurs sans avoir obtenu le brevet exigé. En France, au contraire, l'érudition de quelques professeurs d'écoles libres n'est pas en rapport avec leur tâche.

Une loi disposant, qu'à la sortie de toute école d'enseignement secondaire, relevant ou non de l'Université, l'Etat délivrera à chaque élève un diplôme détaillé, sorte de *livret scolaire* où sera mentionné le degré d'instruction dans les différentes branches de l'enseignement. Ce diplôme sera obtenu à la suite d'un examen scindé en deux parties : l'oral et l'écrit. Les examinateurs de l'oral seraient des personnes exerçant une profession libérale ; ils ne devraient juger que du développement de l'intelligence du candidat et de son esprit pratique. Quant au jury de l'écrit, il serait composé de professeurs de l'Université qui donneraient des notes sur l'érudition pure. La simple inspection du *livret scolaire*, ainsi obtenu, fixerait exactement sur le savoir et sur les moyens intellectuels du titulaire. Une instruction ainsi comprise offrirait sur les baccalauréats l'avantage de garantir les connaissances générales d'un intérêt plus supérieur d'une application plus courante que les notions purement théoriques de quelques sciences acquises au détriment de l'étude des autres.

Une loi exigeant le diplôme final de maîtrise de tout candidat qui se présente à l'examen de fin d'études secondaires. Ainsi, l'apprentissage professionnel serait obligatoire, ce qui relèverait le prestige du métier, diminuerait le nombre des déclassés et donnerait un gagne-pain à ceux qui, par le travail de l'esprit seul, ne peuvent se suffire.

On ne saurait se servir utilement de ses yeux qu'autant qu'on possède quelques notions du dessin. Cette partie de l'enseignement, trop négligée par les élèves, qui ne la considèrent que comme un art d'agrément serait méthodiquement étudiée et deviendrait le complément indispensable de toute profession et de tout métier.

Une loi ne permettant qu'aux personnes mariées, ayant des enfants, de prendre en pension des jeunes gens — trois au plus — inscrits comme externes dans une école secondaire.

Cette loi s'impose, car il est indispensable de faciliter au jeune homme la fréquentation d'une école qui peut se trouver trop éloignée de la maison paternelle, par l'impossibilité pour un homme seul de remplacer la mère et pour une femme seule de loger des jeunes gens ; enfin, il faut reconnaître que les personnes ayant des enfants elles-mêmes comprennent mieux le caractère de la jeunesse.

Pour cette dernière raison, les professeurs mariés et pères de famille sont à préférer aux célibataires.

Une loi, fixant le mode de construction et d'appropriation des écoles dans tous les détails, tant pour les écoles de l'Etat que pour les écoles libres et prescrivant la désaffectation immédiate comme école de tout établissement ne répondant pas aux conditions exigées. — La plupart des écoles libres en France, surtout celles dirigées par des prêtres, laissent beaucoup à désirer tout au moins en ce qui concerne l'aménagement et l'appropriation.

---

## School Board Offices.

(Page 48.)

Les *School Board Offices* à Edimbourg m'écrivent au sujet de l'enseignement culinaire en Ecosse, que l'art culinaire est enseigné dans toutes les écoles primaires du *Board* et l'art du ménage dans trois écoles. Les cours ne peuvent être suivis que par des jeunes filles et le gouvernement accorde des subsides aux élèves que leur inspecteur présente aux examens. L'examen porte sur le programme fixé par une loi gouvernementale pour l'Ecosse.

Ces subsides sont de 4 shillings (5 francs) pour chaque enfant. L'élève assistant au moins pendant 40 heures pendant l'année scolaire au cours de cuisine, dont au moins 20 heures en faisant elle-même la cuisine dans une classe, où il ne doit pas avoir plus de 24 élèves à la fois pour un professeur; 2 schilings (2 fr. 50) sont donnés pour 20 heures de présence au cours et 12 heures employées à la préparation des plats dans une classe de 12 élèves au plus. Pour les travaux de ménage les subsides sont de 2 shillings pour chaque jeune fille, qui se présente à l'examen, après avoir passé au moins 20 heures pendant l'année au cours de ménage dans une classe de 14 élèves au plus.

Les professeurs doivent avoir obtenu un brevet d'enseignement dans une école normale de cuisine reconnue par le gouvernement.

Le comité de l'enseignement entretient trois professeurs spécialement chargés de l'enseignement susdit dans plusieurs écoles. Dans quelques-unes, l'instruction est donnée par un membre du corps enseignant de l'école, compétent sur cette matière, et qui reçoit une augmentation de salaire de £ 10 (250 francs). Le traitement des professeurs spéciaux est de £ 65 (1,625 francs) pour la première année et s'élève jusqu'à £ 100 (2,500 francs).

Dans toutes les écoles, des locaux spéciaux sont affectés à l'enseignement et pourvus d'une installation appropriée.

Pour la session 1896-1897, le total des subsides était £ 367,2 ; — le traitement des professeurs se montait à £ 293,17,1.

| | | | |
|---|---|---|---|
| L'achat des aliments coûtait. . . . . . . . . . | 134,6,10. | | |
| La vente de mets préparés rapportait . . . . | 110,18,1, | 23,14,9 | 317,11,10. |
| | | | £ 49,10,2. |

différence en faveur des écoles (non compris le gaz et les frais d'installation).

2,233 jeunes filles profitaient de l'enseignement et y assistaient le nombre d'heures prescrites par la loi. Pour 1,967 élèves, le subside fut payé par l'Etat. Calculé sur les 2,283 enfants :

| | |
|---|---|
| Le subside était par élève et par an. . . . . . . . . . . | £ 3,2 1/2 = fr. 4. |
| Le traitement . . . . . | 2,6 3/4 = 3,175 |
| Les matières nécessaires | 2 1/2 = 225 fr. 7,40. |

L'enseignement culinaire et ménager en Angleterre et dans la principauté de Galles est réglé par le *Code of regulations for day school 1897. Education department.* Il diffère fort peu de celui donné en Ecosse. Au lieu de 24 élèves par classe, en Angleterre, 18 est le nombre le plus élevé autorisé par la loi; et au lieu de 12 heures de leçon pratique, les élèves en ont au moins 20 heures par année scolaire.

---

## Examen d'économie domestique en Angleterre.

(Pages 81, 161 et 177.)

*Examen des candidats à l'emploi de professeur-élève (filles).*

1° Une chemise de femme à couper et à coudre;
2° Faire des boutonnières et coudre des boutons; mettre des brides; fixer et affermir les lacets;
3° Simple ravaudage sur un tissu pour bas ou chaussettes:
4° Faire un gousset.

*Examen pour des candidats (filles).*

1° Couper et coudre un pardessus d'enfant;
2° Rapiécer (calicot et moulure);
3° Ravauder (toile grossière en diagonale et tissu de laine ou lisière, déchirure);
4° Faire un gousset.

*Examen des élèves-professeurs (filles).*

Première année.

1° Une petite robe de chambre ou chemise de nuit pour homme;
2° Réparer une déchirure (méthode ordinaire) sur bas ou chaussette:

3° Patron en papier (pièces découpées et faufilées) d'un vêtement désigné dans le § 1 ; donner les mesures.

Deuxième année.

1° Manteau pour jeune fille ou tablier pour cuisinière ;
2° Un repiéçage sur calicot, moulure et flanelle ;
3° Un patron diminué et agrandi, en papier ou tissu d'un habit choisi comme travail de l'année. Les morceaux coupés, seront aussi faufilés et les mesures données.

Troisième année.

1° Un jupon de flanelle piqué ou une longue flanelle d'enfant ;
2° Reprise d'un accroc (déchirure en lisière) sur un tissu de laine ou ravaudage diagonal et croisé sur toile grossière ;
3° Couper (morceaux coupés et faufilés) un habit désigné dans le paragraphe 1 ;
4° Un bas tricoté pour montrer la reprise des points au talon, la manière de la relever et de diminuer pour finir au bout du doigt du pied.

Quatrième année

*Année préparatoire pour le Queen's Scholarship examination*

1° Un modèle de calicot, montrant toutes les coutures et points nécessaires à la confection et à la réparation d'un vêtement en calicot ;

2° Un modèle en flanelle, montrant toutes les coutures et points nécessaires à la confection et à la réparation d'un vêtement de flanelle;

3° Patron en papier, coupé sur proportion ou mesure d'une chemise, d'un pantalon et d'un jupon (pour femme). Le patron devra être faufilé.

### Observations

1° Dans tous les cas les spécimens, vêtements et dessins, montrés à l'Inspecteur auront été faits sans aucune aide et présentés dans le même état où ils se trouvaient en sortant des mains de l'élève. Les modèles présentés devront tous avoir été coupés par elle ;

2° Les vêtements seront d'un modèle simple, faisant preuve d'une bonne connaissance du travail et d'une bonne exécution et non d'un fini recherché ;

2° Quand un costume d'enfant ou le modèle d'un costume d'enfant est confectionné, l'âge auquel il convient sera indiqué ;

4° L'élève-professeur ne sera tenu de confectionner qu'un des deux costumes mentionnés dans le paragraphe 1 (1re, 2e et 3e année) ; mais elle devra connaître les mesures et la manière de faire le second vêtement.

## *Examen des professeurs (filles)*

### PREMIÈRE ANNÉE

#### Ire PARTIE

Lecture, exercice de mémoire, écriture, orthographe, théorie d'enseignement, composition anglaise, arithmétique, dessin, musique vocale, coupe et couture.

1° Réparer un vêtement de dessous ;

2° Dessiner les diagonales sur papier tracé en section de : chemise de femme, chemisette d'enfant, une paire de caleçons pour enfant de cinq ans ;

4° Couper et coudre deux des articles ci-dessus ;

4° Répondre par écrit à des questions sur le travail à l'aiguille.

### IIe PARTIE

Anglais, géographie, histoire de l'Angleterre, géométrie. Deux langues à choisir parmi : latin, français, allemand, hébreu, celle parlée dans la principauté de Galles. Économie domestique :

1° Aliments : leur composition et leur valeur nutritive, leurs fonctions. Les organes de la mastication et de la digestion, leur manière de procéder ;

2° Vêtements : matière à employer, coût, soin, nettoyage, usage ;

3° Air pur : sa composition et son usage, moyens d'établir une bonne ventilation, organes de la respiration, leurs fonctions.

4° La maison : manière de la construire, de la meubler, de la chauffer, de l'éclairer et de la tenir propre.

## DEUXIÈME ANNÉE

### Ire PARTIE

Lecture, exercice de mémoire, écriture, pratique d'enseignement, théorie d'enseignement, composition anglaise, arithmétique, algèbre, musique, morale, dessin, coupe et couture ;

1° Une connaissance plus approfondie du travail à l'aiguille simple ; ce qui comprend : retroussis, garnitures et bordures avec plumes, réparations de linge impressions, ravaudage de bas faits au métier.

2° Tracer les diagrammes sur papier tracé en section de : chemise d'enfant surtout en mousseline pour enfant, chemise de nuit pour femme.

3° Couper et coudre un des articles ci-dessus et couper et faufiler les deux autres.

4° Répondre par écrit à des questions sur le travail à l'aiguille.

### IIe PARTIE

Anglais, géographie, histoire de l'Angleterre, géométrie. Deux langues à choisir parmi : latin, français, allemand, hébreu et celle de la principauté de Galles.

Économie domestique :

1° Le choix et la préparation avec une judicieuse économie des aliments les plus en usage.

2° Préparation des mets pour les malades.

3° Direction du ménage.

4° Dépenses et placements de fonds.

## *Examen d'admission dans une école normale dite : Queen's Scholarship examination* (filles).

### MATIÈRES OBLIGATOIRES

Lecture, exercice de mémoire, écriture, orthographe, composition, langue et littérature anglaises latin ou français, arithmétique, géographie, histoire. Théorie et pratique d'enseignement.

Travaux à l'aiguille :

1° Confection et réparation de vêtements de dessous en flanelle et calicot ;

2° Confection sur mesure, ou sur indications, d'une chemise, d'un pantalon et d'un gilet de flanelle pour jeune fille.

Économie domestique :

Aliments : leur fonction, leur préparation.

Vêtements et blanchissage.

Règles pour chauffer, nettoyer et aérer la maison.

Règles d'hygiène.

Manière de tenir une chambre de malade.

Progrès.

MATIÈRES FACULTATIVES

Musique, langues, physique, dessin.

———

**Questions d'économie domestique posées dans les écoles d'Angleterre et d'Ecosse.**

(Pages 157, 167 et 183).

I

1° Quel est le rôle des aliments ?

2° Pourquoi ne faut-il pas remettre tout le nettoyage au samedi ?

3° Indiquez quatre points à considérer dans le choix d'une maison.

4° Indiquez quelques manières usuelles de ventiler une chambre à coucher.

II

1° Dites ce que vous savez de la digestion.

2° Prouvez aussi clairement que possible qu'une maison humide est malsaine.

3° Nommez les différentes espèces de combustibles en usage dans le pays.

4° Indiquez la manière de nettoyer la grille du fourneau de cuisine.

5° Qu'est-ce que la ventilation ?

III

1° Indiquez la classification des différents aliments.

2° Comment vous y prendriez-vous pour balayer un plancher ?

3° Indiquez comment on allume le feu.

4° Comment votre école est-elle aérée ?

IV

1° Nommez quelques substances que doivent nécessairement renfermer les aliments.

2° Pourquoi les maisons de campagne sont-elles souvent humides ?

3° Comment prépareriez-vous le feu d'une chambre ?

4° Quel est l'effet du savon et du sel de soude sur les parquets ? Que pourriez-vous employer à leur place ?

5° Comment le feu du poêle contribue-t-il à la ventilation d'une chambre ?

V

1° Pourquoi est-il plus économique d'habiter une maison où les rayons du soleil pénètrent souvent qu'une maison qui les reçoit rarement ?

2° Pourquoi, en lavant un plancher, faut-il souvent changer l'eau ?

VI

3° Pourquoi les lits en fer valent-ils mieux que les lits en bois ?

VII

1° Indiquez, à l'aide de votre propre expérience, la différence qui existe entre les plantes qui croissent à une fenêtre où le soleil pénètre chaque jour, et celles qui ne reçoivent jamais de soleil.

2° Dites ce que vous savez des fourneaux à gaz. Quand sont-ils utiles ?

3° Faites connaître la manière de nettoyer une chambre.

4° Pourquoi les rideaux de lit sont-ils malsains ?

5° Comment l'eau peut-elle être empoisonnée ?

6° Comment vous y prendriez-vous pour épousseter une chambre, de manière à enlever entièrement la poussière, au lieu de la transporter d'une place à une autre ?

7° Rappelez quelques conseils relatifs à l'achat des meubles.

VIII

1° De quelles substances le pain se compose-t-il ?

2° Quelle est l'eau la meilleure pour se débarbouiller ? Pourquoi ?

3° Comment obtenons-nous la lumière artificielle dans nos maisons ?

4° Pourquoi ne faut-il pas employer de savon pour laver la vaisselle et récurer la batterie de cuisine ?

IX

1° Quel est le rôle des boissons ?

2° Indiquez la manière de nettoyer les carreaux et les croisées de fenêtres ?

3° Quand on ne peut avoir le gaz, quelle est la meilleure lampe à employer ?

4° Que faut-il faire pour tenir une armoire bien propre ?

X

1° Dites ce que vous savez de l'albumine et de

la caséine, et indiquez les aliments qui les renferment.

2° Quelle est la meilleure eau potable? Pourquoi?

3° Comment allumeriez-vous une lampe?

4° Indiquez la manière de laver les verres.

## XI

1° Quelle est l'origine des matières suivantes employées pour le lavage du linge : savon, sel de soude, eau de Javel, bleu de Prusse?

2° Indiquez la manière de laver, empeser et repasser un tablier blanc.

Quelle est l'origine des matières suivantes et pour quels articles de vêtement sont-elles employées : lin, coton, soie, cuir?

4° Indiquez la manière de laver un jupon de flanelle, une couverture de lit.

## XII

1° Donnez quelques notions sur chacune des substances suivantes : café, sucre, riz, vinaigre, sel, poivre. Quel rôle joue chacune d'elles dans l'alimentation?

2° Comment feriez-vous cuire des pommes de terre, une sole, un pudding au riz, un rosbif?

3° Décrivez, aussi exactement que possible, la préparation et la cuisson d'un diner composé de mouton froid, de pommes de terre, de choux, d'un pudding à la graisse (suet pudding), pour six personnes.

4° Quels sont les éléments nutritifs d'un pâté aux fruits?

## XIII

1° Montrez les avantages d'un régime alimentaire varié.

Si vous étiez forcé de vous nourrir d'un seul aliment, quel est celui auquel vous donneriez la préférence? Pourquoi?

2° Est-il nécessaire d'établir une différence entre le régime alimentaire d'hiver et celui d'été? Expliquez votre réponse.

3° Dressez une liste : *a*) d'aliments de facile digestion; *b*) d'aliments de difficile digestion.

4° De quelle manière la nourriture que nous prenons entretient-elle notre vie?

## XIV

1° Pourquoi les habitants des régions froides font-ils grand usage de corps gras dans leur alimentation?

2° Donnez une liste d'aliments plastiques et d'aliments respiratoires?

3° Pourquoi l'eau potable doit-elle être filtrée? Décrivez un filtre.

4° Comment feriez-vous cuire un chou cabus, une côtelette de mouton, des œufs à la coque?

## XV

1° Décrivez un dîner à bon marché pour deux grandes personnes et trois enfants. Déterminez la dépense.

2° Donnez la recette d'un bon gâteau ordinaire, indiquez-en la préparation et le prix.

3° Quels sont les soins à prendre en cas de brûlure ?

4° Comment soignerez-vous votre mère qui a pris un grand froid?

## XVI

1° Indiquez quelques désinfectants d'un prix peu élevé.

2° Comment préparez-vous de l'eau d'orge, du bouillon pour malade (beef-tea)?

3° Quels sont les avantages des caisses d'épargne?

4° Qu'entendez-vous par payer au comptant? Quels sont les avantages de ce mode de payement?

## XVII

1° Quelles qualités doit posséder une garde-malade?

2° Quels sont les soins à donner en cas d'indigestion, de mal de gorge, d'accès d'épilepsie?

3° Expliquez comment la propreté du corps contribue à l'entretien de la santé.

4° Indiquez quelques modes de vêtements préjudiciables à la santé. Expliquez votre réponse.

**Questions posées aux examens d'admission aux écoles normales d'Angleterre et d'Ecosse.**

(Page 157).

1° Expliquez en détail les mesures prises par le service des postes pour favoriser l'épargne.

2° Expliquez comment vous composeriez, au moyen d'une somme de huit livres sterling, le trousseau d'une jeune fille de quinze ans qui entre en service et laisse ses vêtements à ses jeunes sœurs.

3° La nourriture est nécessaire pour fournir au corps les éléments réparateurs et pour produire de la chaleur.

Expliquez sommairement ce double rôle de l'alimentation et dites quels sont les principaux aliments qui conviennent à chacune de ces deux fins.

4° Dites comment le fromage est fabriqué. Quelle est l'espèce de fromage qui contient le plus de substance nutritive?

5° De quelle manière peut-on le mieux utiliser les restes du pain ?

6° Quels sont les points principaux sur lesquels l'institutrice doit porter son attention en vue de conserver sa santé et celle de ses élèves pendant les heures de classe ?

7° Comment enlèveriez-vous de vos vêtements les taches de graisse et d'encre ?

8° Donnez quelques simples indications pour préparer l'empois et pour laver et repasser des cols et des manchettes de toile.

9° Donnez, aussi exactement que possible, la composition du lait. Pourquoi dit-on que le lait est un aliment complet? Dans les circonstances ordinaires, le lait pourrait-il constituer une nourriture suffisante pour un adulte? Expliquez votre réponse. Indiquez les principaux usages du lait dans la cuisine.

10° Qu'entend-on par un régime alimentaire mixte? Pourquoi est-il nécessaire? Indiquez les éléments nutritifs qui manquent au riz, aux œufs, au poisson, au bœuf, aux pommes de terre. Que convient-il de manger avec chacune de ces substances pour suppléer à leur insuffisance?

11° Qu'entend-on par cuisson des aliments? Pourquoi est-elle nécessaire? Pourquoi les substances farineuses réclament-elles des soins spéciaux pendant la cuisson? Nommez des substances qui peuvent être servies sans être cuites et dites pourquoi.

12° Par quelles raisons s'explique l'usage des soupes? Indiquez la préparation de la purée de pois.

13° Indiquez la manière de laver une robe de coton imprimé, de manière à préserver la couleur. A quelles couleurs donnerez-vous la préférence pour le choix d'une telle robe?

14° Décrivez les machines à laver que vous connaissez et indiquez-en les avantages et les inconvénients.

15° Quels dangers pour la santé publique présentent les systèmes ordinaires d'égouts et de distribution d'eau dans les villes? Comparez une petite maison de campagne avec une petite maison de ville sous ce rapport. Quelle est la plus avantageuse?

16° Donnez à une jeune fille qui commence à tenir un ménage des conseils sur les points suivants : *a*) faire le lit ; *b*) balayer et épousseter un appartement ; *c*) économie du combustible à la cuisine.

17° Quels sont les symptômes ordinaires de la fièvre scarlatine et de la rougeole ? Décrivez complètement les précautions à prendre pour empêcher la propagation de la maladie lorsque, dans une famille, un enfant est atteint.

18° Expliquez les règles qu'il faut observer pour acheter avec économie au marché.

19° Faites connaître le mode d'action et les avantages des sociétés coopératives.

20° Indiquez quelques modes de placement d'argent convenables pour un ouvrier payé à la semaine.

## L'Enseignement culinaire et les Gardes-Malades.

(Page 81).

Dans le grand-duché de Baden, le *Badener Frauenverein* (Union des femmes badoises) ne se contente pas de former dans son hôpital, dit *Ludwig Wilhelm Krankenheim*, des gardes-malades sans se préoccuper de savoir où elles seront appelées à rendre des services. Partant de cette idée que la garde-malade est, de par sa profession même, destinée à se trouver en contact immédiat avec les familles, qu'elle entre dans leur intimité et qu'elle est, pendant un certain laps de temps, un véritable membre de la maison, l'Union badoise a créé deux cours spéciaux qui sont suivis par les femmes désireuses d'exercer leur profession de garde-malade à la campagne. Ces cours durent six semaines. A l'instruction théorique donnée aux gardes-malades, on joint l'enseignement du ménage et de l'art culinaire. Pour ce qui est de l'enseignement pratique, il est donné dans un hôpital autre que celui de la maison même et dans lequel l'élève est placée par les soins de l'Union. Tous les ans, une inspectrice de l'Union visite les gardes-malades habitant la campagne et, afin de stimuler leur zèle, une des dames du Comité est en correspondance suivie avec elles, ce qui lui permet de se rendre compte de l'expérience acquise à la suite des soins donnés.

La noble Grande-Duchesse, qui consacre tous ses loisirs aux œuvres de bienfaisance, n'a pas voulu se désintéresser de cette œuvre et en donnant un insigne spécial — une simple croix — aux gardes-malades des campagnes, elle a voulu grandir encore, si possible, le prestige de leur profession.

Nous ne possédons pas encore dans nos bourgs et nos villages français de pareilles gardes-malades; espérons que cela ne tardera pas.

L'*Union des Femmes de France*, dont l'œuvre est si parfaitement admirable, a pour but d'assurer des secours aux soldats en cas de guerre. A notre avis, il ne devrait pas lui suffire de convoquer à ses cours des jeunes filles et des jeunes femmes pour leur apprendre à soigner les blessés et les malades; il serait de son intérêt même d'avoir à sa disposition dans toute la France, et spécialement à la campagne, des gardes-malades qui, non seulement auraient appris les soins à donner aux blessés, mais qui auraient encore acquis par la pratique l'expérience de soigner. Ces gardes-malades d'une espèce particulière inculqueraient à nos paysannes les premières notions de la propreté et leur enseigneraient une cuisine simple et saine. Ce faisant, elles seraient à même d'indiquer au Comité de l'Union les familles dans lesquelles les blessés ou les malades recevraient, le cas échéant, les meilleurs soins.

L'habitant de la ville peut se faire soigner chez lui par une garde-malade, s'il ne préfère solliciter son admission dans un hôpital. L'homme de la campagne, au contraire, est absolument dépourvu de soins et souvent même il se trouve dans l'impossibilité absolue de faire venir un médecin. Il est alors obligé d'avoir recours aux soins de personnes qui, soit par ignorance, soit par superstition, soit même par manque de ménagements, aggravent souvent un mal déjà inquiétant. Parfois même, ces guérisseurs improvisés sont tellement absorbés par les préoccupations que leur cause le mauvais état de leurs affaires qu'ils se soucient fort peu d'augmenter leurs occupations journalières en se faisant infirmiers. De là des remèdes et des soins donnés sans attention et qui fatiguent le malade plus qu'ils ne le soulagent. La femme, qui par son savoir serait à même non seulement de soigner un malade, mais encore de donner à la maîtresse de la maison la notion de l'hygiène, de l'ordre, de la propreté et lui enseignerait l'art de la cuisine saine, remplacerait avantageusement le médecin. Si, à ces qualités acquises, elle joignait ces sentiments si féminins de la bonté, du tact, de l'intelligence, de comprendre la douleur et de la consoler, elle serait véritablement l'ange sauveur de la maison du patient.

Une telle garde-malade peut faire dans la campagne beaucoup de bien; elle peut prendre l'initiative de cours sur l'hygiène, sur les soins à donner aux malades et aux enfants en bas âge, elle influencera aussi heureusement l'éducation de la jeune fille et améliorera la vie de famille dans toute la contrée.

Si l'*Union des Femmes de France* se décidait à fonder des écoles ou à ouvrir des cours où les jeunes filles de la campagne recevraient gratuitement l'instruction de gardes-malades, dans le sens que nous venons d'indiquer et contre l'engagement formel de la part des élèves de se mettre à la disposition du Comité en cas de guerre ou en cas de calamité publique, elle poursuivrait en même temps deux buts nobles et grands et l'admiration dont cette œuvre humanitaire est si digne croîtrait encore.

En émettant ce vœu, nous nous adressons aussi à ces femmes qui, par leur dévoûment et leur abnétion, ont droit au respect de tous : nous voulons parler de nos sœurs de Charité. Il n'est pas un mal qui ne leur soit signalé sans qu'elles s'appliquent aussitôt à y porter remède; aussi sommes-nous sûrs de leur concours. Il nous suffira de signaler le succès qui a couronné les généreux efforts des religieuses de *Ludwig Wilhelm Krankenheim*, à Bade, pour que nos sœurs françaises se mettent immédiatement à l'œuvre et suivent un exemple qu'a couronné le plus légitime succès.

---

## L'enseignement culinaire et l'armée.

(Page 81.)

C'est à Mme Meyboom, directrice de l'*École de ménage d'Amsterdam*, que revient l'honneur d'avoir eu la première idée de donner l'instruction culinaire aux soldats qui, dans les régiments, sont chargés de la préparation des repas.

Mme Meyboom démontra au gouvernement que, grâce à cet enseignement, la nourriture serait mieux préparée et qu'on réaliserait sur le beurre une si notable économie qu'il deviendrait possible de faire aux soldats des distributions de beurre à la place des distributions de pain. Le gouvernement accueillit favorablement cette proposition.

Je reçois, au sujet de la mise en pratique de l'enseignement culinaire dans l'armée, la lettre suivante datée d'Amsterdam :

« Avant 1896, la nourriture des hommes et des sous-officiers était préparée par des soldats qui n'avaient jamais été soumis antérieurement au moindre apprentissage dans le métier de cuisinier. D'un autre côté, le personnel de la cuisine se renouvelant incessamment, il en résultait que les connaissances acquises étaient, la plupart du temps, chose perdue, ceux qui les possédaient quittant le régiment ou étant appelés à d'autres fonctions. Il s'ensuivait que, presque toujours, la préparation des aliments laissait fort à désirer. Aujourd'hui, l'administration a pu porter remède au mal, grâce à l'*École de ménage d'Amsterdam* qui, en 1896, ouvrit un cours de cuisine militaire. Depuis cette époque, un nombre de soldats, arrêté d'après les besoins des différents régiments, est désigné chaque année pour suivre les cours.

« L'enseignement est réglé par le Directeur de l'École, après entente avec l'autorité militaire. La surveillance de l'enseignement est exercée par un officier supérieur ou par un capitaine de la garnison d'Amsterdam. Durant les leçons, la police est assurée par un sous-officier qui est chargé de conduire les militaires à l'École et de les reconduire à la caserne après le cours.

« Les soldats qui, à la fin du cours, ont obtenu un diplôme spécial constatant qu'ils ont suivi l'enseignement avec fruit, peuvent être nommés *caporaux-cuisiniers* dans un régiment. A ce moment, ils doivent contracter un engagement de trois ans dans l'armée. Le caporal-cuisinier est responsable de la préparation de la nourriture; il veille à ce que l'ordre et la propreté règnent dans les cuisines. »

*Conditions réglant l'enseignement culinaire militaire, sur l'autorisation du ministre de la Guerre, du 22 novembre 1897, VI, division n° 44, et du 21 décembre 1897, VI, division n° 26.*

Article 1er. — Le cours sera suivi par quatorze élèves. Si le nombre des élèves est inférieur à ce chiffre, il n'en sera pas moins payé pour quatorze. Le prix de la pension est de 50 florins (100 francs) par élève pour tout le cours, payable dans les quinze jours qui précèdent la fin du cours.

Art. 2. — Les cours durent quatre mois; ils commencent en janvier. Trente leçons environ sont données. Il y en a deux par semaine; elles ont lieu de deux à trois heures. Le premier cours commencera le 10 janvier 1898. L'enseignement, tant théorique que pratique, est donné dans l'établissement de l'*École de ménage d'Amsterdam.*

Les cours vaquent pendant les vacances qui sont fixées par le programme de l'Ecole.

Art. 3. — Les élèves doivent savoir lire et écrire correctement.

Art. 4. — Durant les leçons, ils sont revêtus d'un pantalon, d'un veston et d'un bonnet de toile blanche. Ils portent des gants de tricot blanc et sont chaussés de souliers de gymnastique blancs.

Art. 5. — Ils sont conduits á l'Ecole par un sous-officier qui surveille le changement de tenue au vestiaire et qui, pendant la leçon, veille à l'exécution des ordres de la Directrice.

Art. 6. — Les élèves doivent inscrire sur un cahier spécial les recettes qu'ils sont tenus d'apprendre par cœur.

Art. 7.—La Directrice reçoit des magasins militaires les différentes denrées qui lui sont nécessaires pour son enseignement. Dans le cas où ces magasins seraient démunis de certaines denrées, ils les procurent contre paiement à la Directrice. En ce dernier cas, le montant des achats est défalqué du prix de la pension.

Art. 8. — Les élèves qui auront suivi les cours pendant deux mois seront, si possible, placés comme aides-cuisiniers dans les cuisines des hommes et des sous-officiers, afin de s'initier mieux à la pratique.

Art. 9. — A la fin du cours, un diplôme est délivré à tout élève qui en a suivi l'enseignement avec fruit.

Art. 10. — Un officier supérieur, résidant à Amsterdam, est désigné pour s'occuper de l'enseignement culinaire militaire. La Directrice peut s'adresser à lui, en cas de besoin, pour tout ce qui concerne l'enseignement, la propreté, l'ordre et la discipline.

Deux fois par mois, il peut venir à l'Ecole pour se convaincre par lui-même de la bonne marche de l'instruction, mais il ne doit jamais s'immiscer dans l'enseignement. S'il y a lieu, il adresse directement des observatios écrites à la Directrice.

Ainsi fait et signé à Amsterdam, 3 janvier 1896.

*La Directrice de l'École de ménage d'Amsterdam,*

S.-G.-F. Meyboom.

*Le Major,*

Petter.

## Maisons maternelles.

(Page 82.)

Dans quelques villes d'Allemagne, on a ouvert des maisons maternelles (*Kinderheim* ou *Kinderhort*), dans le but de donner un foyer aux enfants pauvres. Il existe de ces maisons maternelles pour les garçons (*Knabenhart*) et pour les filles (*Mädehenhart*). Dans ces asiles, les enfants trouvent la même sollicitude, les mêmes soins dont ils seraient entourés par leur mère s'ils vivaient dans la maison paternelle. Ils y jouissent de la même liberté. C'est là qu'ils se reposent des fatigues intellectuelles de l'école; ils y sont nourris, ils y rédigent leurs devoirs. Les jeunes filles sont initiées à la couture et plus particulièrement aux ravaudages. Elles sont tenues de nettoyer elles-mêmes tous les ustensiles et instruments dont elles se servent : tasses, pots, etc.

Dans certaines maisons maternelles, telles que celle d'Augsbourg, elles doivent aider à la cuisine et assister à des cours d'hygiène, d'alimentation, etc. Dans le Hart de Cassel — c'est du reste le seul offrant cet avantage — Mlle Förster a pris l'initiative d'apprendre méthodiquement aux jeunes filles tout ce qui s'accomplit dans une maison. Sous la surveillance d'une Drectrice, assistée d'une institutrice, les enfants participent à tous les travaux de la maison :

nettoyage, blanchissage, lavage, repassage, cuisine, etc. Elles apprennent même à surveiller et à soigner les enfants plus jeunes qu'elles vivant sous le même toit.

---

## Ecoles de commerce françaises à l'étranger.

(Page 82.).

Les Ecoles de commerce, dont nous demandons aux Chambres de commerce la fondation à l'étranger (notamment en Angleterre et en Allemagne), permettraient d'adopter le programme d'ordre suivant :

Deux ans avant de terminer ses études commerciales, l'élève qui aurait satisfait aux examens reviendrait en Angleterre. L'enseignement lui serait donné par des professeurs du pays et en anglais. La dernière année s'accomplirait en Allemagne et dans les mêmes conditions. Ainsi instruit, le futur commerçant rapporterait en France, non seulement de sérieuses notions commerciales, mais encore la connaissance parfaite des mœurs et des usages du pays où il aurait vécu et qu'il se serait d'autant mieux assimilés qu'il aurait été mis en pension dans une famille, de préférence chez un docteur-médecin ou un professeur de l'Université.

Evidemment, ce système implique un plan d'études unique, en ce sens que l'élève, passant de France en Angleterre et d'Angleterre en Allemagne, ne ferait que franchir des étapes successives qui ne seraient que le développement normal d'un enseignement conçu dans un seul et même esprit.

Etant donnée l'utilité des langues espagnole et

russe en matière de commerce, il serait aussi très désirable que des écoles de commerce fussent fondées à Madrid et à Saint-Pétersbourg. Le jeune homme aurait ainsi un choix suffisant et opterait pour le pays dont l'étude paraîtrait la plus utile à son avenir.



———

# TABLE

Paris. — Imprimerie PAUL DUPONT, 4, rue du Bouloi. 2(2.3.93)

# ERRATA

4e ligne, page 69 : aristocratique, *lisez* artistique.
19e ligne, page 69 : Jame, *lisez* James.
21e ligne, page 69 : Burdet, *lisez* Burdett.
2e ligne, page 70 : Westinster, *lisez* Westminster.
27e ligne, page 70 : professeur, *lisez* professeur d'université.
21e ligne, page 124 : d'octobre ou novembre, *lisez* de janvier.
11e ligne, page 281 : enfant. L'élève assistant, *lisez* enfant, qui a assisté.
5e ligne, page 282 : reçoit une, *lisez* reçoit de ce chef une.
12e ligne, page 282 : *lisez* Pour la session 1896-1897,

| | | | |
|---|---|---|---|
| le total des subsides était . . . . . . . . | | | £ 367.2. — |
| le traitement des professeurs se montait à . . . . . . . . . . | | £ 293.17.1 | |
| l'achat des aliments coûtait. . | £ 134. 6.10 | | |
| la vente des mets préparés rapportait . . . . . . | 110.12. 1 | | |
| | | 23.14.9 | |
| | | | 317.11.10 |
| | | | £ 49.10. 2 |

22e ligne, page 282 : 2.233, *lisez*, 2.283.
23e ligne, page 282 : prescrites, *lisez* prescrit.

23e ligne, page 282 : *lisez* : Calculé sur les 2.283 enfants susdites, le subside était par

| | | | | |
|---|---|---|---|---|
| élève et par an . . . . . . . . . | £ —. 3.2 1/2 | = | Fr. | 4, – |
| le traitement . . . . . . . . | » —. 2.6 3/4 | = | » | $3{,}17^{5}$ |
| les matières premières . . . | » —.—.2 1/2 | — | » | $3{,}22^{5}$ |
| | | | | Fr. 7,40 |

1e ligne, page 283 : *lisez* of regulations for day schools, — 1897. — Education Department.

8e ligne, page 303 : et qu'on, *lisez* et le gaspillage évité. Le boni obtenu permettrait de distribuer aux hommes quelques douceurs : du sucre ou du beurre, sans préjudice des rations réglementaires.

7e ligne, page 304 : le Directeur, *lisez* la Directrice.

19e ligne, page 306 : Potter, *lisez* Vetter.

Documents manquants (pages, cahiers...)

NF Z 43-120-13

www.ingramcontent.com/pod-product-compliance
Ingram Content Group UK Ltd.
Pitfield, Milton Keynes, MK11 3LW, UK
UKHW021850190726
13855UKWH00001B/237